I0154735

FOREWORD

The collection of "Everything Will Be Okay" travel phrasebooks published by T&P Books is designed for people traveling abroad for tourism and business. The phrasebooks contain what matters most - the essentials for basic communication. This is an indispensable set of phrases to "survive" while abroad.

This phrasebook will help you in most cases where you need to ask something, get directions, find out how much something costs, etc. It can also resolve difficult communication situations where gestures just won't help.

This book contains a lot of phrases that have been grouped according to the most relevant topics. The edition also includes a small vocabulary that contains roughly 3,000 of the most frequently used words. Another section of the phrasebook provides a gastronomical dictionary that may help you order food at a restaurant or buy groceries at the store.

Take "Everything Will Be Okay" phrasebook with you on the road and you'll have an irreplaceable traveling companion who will help you find your way out of any situation and teach you to not fear speaking with foreigners.

TABLE OF CONTENTS

T&P Books Publishing

Travel phrasebooks collection
«Everything Will Be Okay!»

T&P Books Publishing

By Andrey Taranov

PHRASEBOOK

— SWEDISH —

THE MOST IMPORTANT PHRASES

This phrasebook contains the most important phrases and questions for basic communication
Everything you need to survive overseas

T&P BOOKS

Phrasebook + 3000-word dictionary

English-Swedish phrasebook & topical vocabulary

By Andrey Taranov

The collection of "Everything Will Be Okay" travel phrasebooks published by T&P Books is designed for people traveling abroad for tourism and business. The phrasebooks contain what matters most - the essentials for basic communication. This is an indispensable set of phrases to "survive" while abroad.

This book also includes a small topical vocabulary that contains roughly 3,000 of the most frequently used words. Another section of the phrasebook provides a gastronomical dictionary that may help you order food at a restaurant or buy groceries at the store.

T&P Books Publishing
www.tpbooks.com

ISBN: 978-1-78616-756-9

This book is also available in E-book formats.
Please visit www.tpbooks.com or the major online bookstores.

PRONUNCIATION

Letter	Swedish example	T&P phonetic alphabet	English example
Aa	bada	[ɑ], [ɑː]	bath, to pass
Bb	tabell	[b]	baby, book
Cc [1]	licens	[s]	city, boss
Cc [2]	container	[k]	clock, kiss
Dd	andra	[d]	day, doctor
Ee	efter	[e]	elm, medal
Ff	flera	[f]	face, food
Gg [3]	gömma	[j]	yes, New York
Gg [4]	truga	[g]	game, gold
Hh	handla	[h]	home, have
Ii	tillhöra	[iː], [ɪ]	tree, big
Jj	jaga	[j]	yes, New York
Kk [5]	keramisk	[ɕ]	sheep, shop
Kk [6]	frisk	[k]	clock, kiss
Ll	tal	[l]	lace, people
Mm	medalj	[m]	magic, milk
Nn	panik	[n]	name, normal
Oo	tolv	[ɔ]	bottle, doctor
Pp	plommon	[p]	pencil, private
Qq	squash	[k]	clock, kiss
Rr	spelregler	[r]	rice, radio
Ss	spara	[s]	city, boss
Tt	tillhöra	[t]	tourist, trip
Uu	ungefär	[u], [ʉː]	soup, menu
Vv	overall	[v]	very, river
Ww [7]	kiwi	[w]	vase, winter
Xx	sax	[ks]	box, taxi
Yy	manikyr	[y], [yː]	fuel, tuna
Zz	zoolog	[s]	city, boss
Åå	sångare	[ə]	driver, teacher
Ää	tandläkare	[æ]	chess, man
Öö	kompositör	[ø]	eternal, church

Letter	Swedish example	T&P phonetic alphabet	English example

Combinations of letters

Ss [8]	sjösjuka	[ʃ]	machine, shark
sk [9]	skicka	[ʃ]	machine, shark
s [10]	först	[ʃ]	machine, shark
J j [11]	djärv	[j]	yes, New York
Lj [12]	ljus	[j]	yes, New York
kj, tj	kjol	[ç]	sheep, shop
ng	omkring	[ŋ]	English, ring

Comments

- [*] kj pronouns as
- [**] combination **ng** transfers a nasal sound
- [1] before **e, i, y**
- [2] elsewhere
- [3] before **e, i, ä, ö**
- [4] elsewhere
- [5] before **e, i, ä, ö**
- [6] elsewhere
- [7] in loanwords
- [8] in **sj, skj, stj**
- [9] before stressed **e, i, y, ä, ö**
- [10] in the combination **rs**
- [11] in **dj, hj, gj, kj**
- [12] at the beginning of words

LIST OF ABBREVIATIONS

English abbreviations

ab.	-	about
adj	-	adjective
adv	-	adverb
anim.	-	animate
as adj	-	attributive noun used as adjective
e.g.	-	for example
etc.	-	et cetera
fam.	-	familiar
fem.	-	feminine
form.	-	formal
inanim.	-	inanimate
masc.	-	masculine
math	-	mathematics
mil.	-	military
n	-	noun
pl	-	plural
pron.	-	pronoun
sb	-	somebody
sing.	-	singular
sth	-	something
v aux	-	auxiliary verb
vi	-	intransitive verb
vi, vt	-	intransitive, transitive verb
vt	-	transitive verb

Swedish abbreviations

pl   -   plural

Swedish articles

den	-	common gender
det	-	neuter
en	-	common gender
ett	-	neuter

SWEDISH
PHRASEBOOK

This section contains
important phrases that may
come in handy in various
real-life situations.
The phrasebook will help
you ask for directions, clarify
a price, buy tickets, and
order food at a restaurant

T&P Books Publishing

PHRASEBOOK CONTENTS

T&P Books Publishing

The bare minimum

Excuse me, ...

Ursäkta mig, ...
[ʉː'ʂɛkta mɛj, ...]

Hello.

Hej
[hɛj]

Thank you.

Tack
[tak]

Good bye.

Hej då
[hɛj doː]

Yes.

Ja
[ja]

No.

Nej
[nɛj]

I don't know.

Jag vet inte.
[ja vet 'intə]

Where? | Where to? | When?

Var? I Vart? I När?
[var? | vaːʈ? | nɛr?]

I need ...

Jag behöver ...
[ja be'høvər ...]

I want ...

Jag vill ...
[ja vilʲ ...]

Do you have ...?

Har du ...?
[har dʉ: ...?]

Is there a ... here?

Finns det ... här?
[fins dɛ ... hæːr?]

May I ...?

Får jag ... ?
[for jaː ...?]

..., please (polite request)

..., tack
[..., tak]

I'm looking for ...

Jag letar efter ...
[ja ˈlʲetar 'ɛftər ...]

restroom

en toalett
[en tua'lʲet]

ATM

en uttagsautomat
[en ʉ:'taːgs auto'mat]

pharmacy (drugstore)

ett apotek
[et apʊ'tek]

hospital

ett sjukhus
[et 'ɧʉːkhʉs]

police station

en polisstation
[en po'lis sta'ɧuːn]

subway

tunnelbanan
['tʉnəlʲ 'baːnan]

taxi	**en taxi** [en 'taksi]
train station	**en tågstation** [en 'to:g sta'ʃʉ:n]

My name is ...	**Jag heter ...** [ja 'hetər ...]
What's your name?	**Vad heter du?** [vad 'hetər dʉ:?]
Could you please help me?	**Skulle du kunna hjälpa mig?** ['skʉlˡe dʉ: 'kuna 'jɛlˡpa mɛj?]
I've got a problem.	**Jag har ett problem.** [ja har et prɔ'blˡem]
I don't feel well.	**Jag mår inte bra.** [ja mor 'intə bra:]
Call an ambulance!	**Ring efter en ambulans!** ['riŋ 'ɛftər en ambʉ'lˡans!]
May I make a call?	**Får jag ringa ett samtal?** [for ja 'riŋa et 'sa:mtalˡ?]

I'm sorry.	**Jag är ledsen.** [ja ær 'lˡesən]
You're welcome.	**Ingen orsak.** ['iŋen 'u:ʂak]

I, me	**Jag, mig** [ja, mɛj]
you (inform.)	**du** [dʉ]
he	**han** [han]
she	**hon** [hon]
they (masc.)	**de:** [de:]
they (fem.)	**de:** [de:]
we	**vi** [vi:]
you (pl)	**ni** [ni]
you (sg, form.)	**du, Ni** [dʉ:, ni:]

ENTRANCE	**INGÅNG** ['iŋo:ŋ]
EXIT	**UTGÅNG** ['ʉtgo:ŋ]
OUT OF ORDER	**UR FUNKTION** [ʉ:r fʉnk'ʃʉ:n]
CLOSED	**STÄNGT** ['stɛŋt]

OPEN	**ÖPPET**
	['øpet]
FOR WOMEN	**FÖR KVINNOR**
	[før 'kvinor]
FOR MEN	**FÖR MÄN**
	[før mɛn]

Questions

Where?	**Var?** [var?]
Where to?	**Vart?** [vaːʈ?]
Where from?	**Varifrån?** ['varifron?]
Why?	**Varför?** ['vaːføːr?]
For what reason?	**Av vilken anledning?** [aːv 'vilˡkən anˈlˡednin?]
When?	**När?** [nɛr?]

How long?	**Hur länge?** [hʉː 'lˡɛŋə?]
At what time?	**Vilken tid?** ['vilˡkən tid?]
How much?	**Hur länge?** [hʉː 'lˡɛŋə?]
Do you have …?	**Har du …?** [har dʉː …?]
Where is …?	**Var finns …?** [var fins …?]

What time is it?	**Vad är klockan?** [vad ær 'klˡokan?]
May I make a call?	**Får jag ringa ett samtal?** [for ja 'riŋa et 'saːmtalˡ?]
Who's there?	**Vem är det?** [vem ær dɛ?]
Can I smoke here?	**Får jag röka här?** [for ja 'røka hæːr?]
May I …?	**Får jag …?** [for ja: …?]

Needs

I'd like …	**Jag skulle vilja …** [ja 'skʉlʲe 'vilja …]
I don't want …	**Jag vill inte …** [ja vilʲ 'intə …]
I'm thirsty.	**Jag är törstig.** [ja ær 'tøːʂtig]
I want to sleep.	**Jag vill sova.** [ja vilʲ 'soːva]

I want …	**Jag vill …** [ja vilʲ …]
to wash up	**tvätta mig** ['tvɛta mɛj]
to brush my teeth	**borsta tänderna** ['boːʂta 'tɛndeɳa]
to rest a while	**vila en stund** ['vilʲa en stund]
to change my clothes	**att byta kläder** [at 'byta 'klʲɛːdər]

to go back to the hotel	**gå tillbaka till hotellet** ['go tilʲ"baka tilʲ ho'telʲet]
to buy …	**köpa …** ['çøpa …]
to go to …	**ta mig till …** [ta mɛj tilʲ …]
to visit …	**besöka …** [be'søka …]
to meet with …	**träffa …** ['trɛfa …]
to make a call	**ringa ett samtal** ['riŋa et 'samtalʲ]

I'm tired.	**Jag är trött.** [ja ær trøt]
We are tired.	**Vi är trötta.** [vi: ær 'trøta]
I'm cold.	**Jag fryser.** [ja 'frysər]
I'm hot.	**Jag är varm.** [ja ær varm]
I'm OK.	**Jag är okej.** [ja ær ɔ'kej]

I need to make a call.   **Jag behöver ringa ett samtal.**
[ja beˈhøvər ˈriŋa et ˈsamtalʲ]

I need to go to the restroom.   **Jag behöver gå på toaletten.**
[ja beˈhøvər go pɔ tuaˈlʲetən]

I have to go.   **Jag måste ge mig av.**
[ja ˈmostə je mɛj av]

I have to go now.   **Jag måste ge mig av nu.**
[ja ˈmostə je mɛj av nʉː]

Asking for directions

Excuse me, ...	**Ursäkta mig, ...** [ʉːˈʂɛkta mɛj, ...]
Where is ...?	**Var finns ...?** [var fins ...?]
Which way is ...?	**Åt vilket håll ligger ...?** [ot ˈvilʲket holʲ ˈligər ...?]
Could you help me, please?	**Skulle du kunna hjälpa mig?** [ˈskʉlʲe dʉː ˈkuna ˈjɛlʲpa mɛj?]

I'm looking for ...	**Jag letar efter ...** [ja ˈlʲetar ˈɛftər ...]
I'm looking for the exit.	**Jag letar efter utgången.** [ja ˈlʲetar ˈɛftər ˈʉtgoːŋən]

I'm going to ...	**Jag ska till ...** [ja ska tilʲ ...]
Am I going the right way to ...?	**Är jag på rätt väg till ...?** [ɛr ja pɔ rɛt vɛg tilʲ ...?]

Is it far?	**Är det långt?** [ɛr dɛ ˈlʲoːŋt?]
Can I get there on foot?	**Kan jag ta mig dit till fots?** [kan ja ta mɛj dit tilʲ ˈfots?]
Can you show me on the map?	**Kan du visa mig på kartan?** [kan dʉː ˈviːsa mɛj pɔ ˈkaːʈan?]
Show me where we are right now.	**Kan du visa mig var vi är nu.** [kan dʉː ˈviːsa mɛj var vi ær nʉː]

Here	**Här** [hæːr]
There	**Där** [dɛr]
This way	**Den här vägen** [den hæːr ˈvɛgən]

Turn right.	**Sväng höger.** [ˈsvɛŋ ˈhøgər]
Turn left.	**Sväng vänster.** [ˈsvɛŋ ˈvɛnstər]
first (second, third) turn	**första (andra, tredje) sväng** [ˈføːʂta (ˈandra, ˈtreːdje) svɛŋ]
to the right	**till höger** [tilʲ ˈhøgər]

to the left   **till vänster**
                                     [tilʲ 'vɛnstər]

Go straight ahead.   **Gå rakt fram.**
                                     ['go rakt fram]

Signs

WELCOME!	**VÄLKOMMEN!** ['vɛlʲkomən!]
ENTRANCE	**INGÅNG** ['iŋoːŋ]
EXIT	**UTGÅNG** ['ʉtgoːŋ]

PUSH	**TRYCK** [trʏk]
PULL	**DRA** [draː]
OPEN	**ÖPPET** ['øpet]
CLOSED	**STÄNGT** ['stɛŋt]

FOR WOMEN	**FÖR KVINNOR** [før 'kvinor]
FOR MEN	**FÖR MÄN** [før mɛn]
GENTLEMEN, GENTS (m)	**HERRAR** ['hɛrrar]
WOMEN (f)	**DAMER** ['damər]

DISCOUNTS	**RABATT** [ra'bat]
SALE	**REA** ['rea]
FREE	**GRATIS** ['gratis]
NEW!	**NYHET!** ['nyhet!]
ATTENTION!	**VARNING!** ['varniŋ!]

NO VACANCIES	**FULLBOKAT** [fʉlʲ'bokat]
RESERVED	**RESERVERAT** [resɛr'verat]
ADMINISTRATION	**DIREKTÖR** [direk'tør]
STAFF ONLY	**ENDAST PERSONAL** ['ɛndast pɛːʂo'nalʲ]

BEWARE OF THE DOG!	**VARNING FÖR HUNDEN!** ['varniŋ før 'hʉndən!]
NO SMOKING!	**RÖKNING FÖRBJUDET!** ['røkniŋ før'bjʉ:det!]
DO NOT TOUCH!	**RÖR EJ!** [rør ɛj!]
DANGEROUS	**FARLIGT** ['fɑːl̩igt]
DANGER	**FARA** ['fɑːra]
HIGH VOLTAGE	**HÖGSPÄNNING** ['høgspɛniŋ]
NO SWIMMING!	**BAD FÖRBJUDET!** [bad før'bjʉ:det!]

OUT OF ORDER	**UR FUNKTION** [ʉːr fʉnk'ʃuːn]
FLAMMABLE	**BRANDFARLIGT** ['brand 'fɑːligt]
FORBIDDEN	**FÖRBJUDET** [før'bjʉːdet]
NO TRESPASSING!	**TILLTRÄDE FÖRBJUDET!** [til̩trɛdə før'bjʉːdet!]
WET PAINT	**NYMÅLAT** ['nymol̩at]

CLOSED FOR RENOVATIONS	**STÄNGT FÖR RENOVERING** ['stɛŋt før reno'veriŋ]
WORKS AHEAD	**VÄGARBETE** ['vɛːg ar'betə]
DETOUR	**OMLEDNINGSVÄG** [ɔːm'l̩edniŋs vɛg]

Transportation. General phrases

plane	**plan** [plʲan]
train	**tåg** [toːg]
bus	**buss** [bus]
ferry	**färja** ['fæːrja]
taxi	**taxi** ['taksi]
car	**bil** [bilʲ]

schedule	**tidtabell** ['tid ta'bɛlʲ]
Where can I see the schedule?	**Var kan jag se tidtabellen?** [var kan ja se tidːtaˈbɛlʲen?]
workdays (weekdays)	**vardagar** [vaːrˈdaːgar]
weekends	**helger** ['heljer]
holidays	**helgdagar** ['heljˈdaːgar]

DEPARTURE	**AVGÅNGAR** ['avgoːŋar]
ARRIVAL	**ANKOMSTER** ['ankomstər]
DELAYED	**FÖRSENAD** [føːˈşenad]
CANCELLED	**INSTÄLLD** ['instɛlʲd]

next (train, etc.)	**nästa** ['nɛsta]
first	**första** ['føːşta]
last	**sista** ['sista]

When is the next ...?	**När går nästa ...?** [nɛr goːr 'nɛsta ...?]
When is the first ...?	**När går första ...?** [nɛr goːr 'føːşta ...?]

When is the last …?

När går sista …?
[nɛr goːr 'sista ...?]

transfer (change of trains, etc.)

byte
['byte]

to make a transfer

att göra ett byte
[at 'jøra et 'byte]

Do I need to make a transfer?

Behöver jag byta?
[be'høvər ja 'byta?]

Buying tickets

Where can I buy tickets?	**Var kan jag köpa biljetter?** [var kan ja 'çøpa bi'lʲetər?]
ticket	**biljett** [bi'lʲet]
to buy a ticket	**att köpa en biljett** [at 'çøpa en bi'lʲet]
ticket price	**biljettpris** [bi'lʲet pris]
Where to?	**Vart?** [vaːʈ?]
To what station?	**Till vilken station?** [tilʲ 'vilʲkən sta'ɧuːn?]
I need ...	**Jag behöver ...** [ja be'høvər ...]
one ticket	**en biljett** [en bi'lʲet]
two tickets	**två biljetter** [tvoː bi'lʲetər]
three tickets	**tre biljetter** [tre bi'lʲetər]
one-way	**enkel** ['ɛnkəlʲ]
round-trip	**tur och retur** ['tʉːr ɔ re'tʉːr]
first class	**första klass** ['føːʂta klʲas]
second class	**andra klass** ['andra klʲas]
today	**idag** [idaːg]
tomorrow	**imorgon** [i'mɔrgɔn]
the day after tomorrow	**i övermorgon** [i 'øːvə͵mɔrgɔn]
in the morning	**på morgonen** [pɔ 'mɔrgɔnən]
in the afternoon	**på eftermiddagen** [pɔ 'ɛftə mid'dagən]
in the evening	**på kvällen** [pɔ 'kvɛlʲen]

aisle seat **gångplats**
[goːŋ plʲats]

window seat **fönsterplats**
['fønstə plʲats]

How much? **Hur mycket?**
[hʉː 'mʏke?]

Can I pay by credit card? **Kan jag betala med kreditkort?**
[kan ja be'talʲa me kre'dit koːʈ?]

Bus

bus	**buss** [bus]
intercity bus	**långfärdsbuss** ['lʲɔŋfɛrds‚bus]
bus stop	**busshållplats** ['bus 'holʲplʲats]
Where's the nearest bus stop?	**Var finns närmsta busshållplats?** [var fins 'nɛrmsta 'bus 'holʲplʲats?]
number (bus ~, etc.)	**nummer** ['numər]
Which bus do I take to get to ...?	**Vilken buss kan jag ta till ...?** ['vilʲkən bus kan ja ta tilʲ ...?]
Does this bus go to ...?	**Går den här bussen till ...?** [go:r den hæ:r 'busən tilʲ ...?]
How frequent are the buses?	**Hur ofta går bussarna?** [hʉ: 'ofta go:r 'busarna?]
every 15 minutes	**var femtonde minut** [var 'femtondə mi'nʉ:t]
every half hour	**varje halvtimme** ['varje 'halʲv‚timə]
every hour	**en gång i timmen** [en go:ŋ i 'timən]
several times a day	**flera gånger om dagen** ['flʲera 'go:ŋər om 'dagən]
... times a day	**... gånger om dagen** [... 'go:ŋər om 'dagən]
schedule	**tidtabell** ['tid ta'bɛlʲ]
Where can I see the schedule?	**Var kan jag se tidtabellen?** [var kan ja se tid ta'bɛlʲen?]
When is the next bus?	**När går nästa buss?** [nɛr go:r 'nɛsta bus?]
When is the first bus?	**När går första bussen?** [nɛr go:r 'fø:ʂta 'busən?]
When is the last bus?	**När går sista bussen?** [nɛr go:r 'sista 'busən?]
stop	**hållplats** ['holʲ‚plʲats]
next stop	**nästa hållplats** ['nɛsta 'holʲplʲats]

last stop (terminus)

sista hållplatsen
['sista 'holˈplˈatsən]

Stop here, please.

Vill du vara snäll och stanna här, tack.
[vilˈ dɵ: 'va:ra snɛlˈ o 'stana hæ:r, tak]

Excuse me, this is my stop.

Ursäkta mig, detta är min hållplats.
[ɵ:'ʂɛkta mɛj, 'deta ær min 'holˈplˈats]

Train

train	**tåg** [to:g]
suburban train	**lokaltåg** [ᴵʲoˈkalʲ to:g]
long-distance train	**fjärrtåg** [ᶠʲæɾˌto:g]

train station	**tågstation** ['to:g staˈʄuːn]
Excuse me, where is the exit to the platform?	**Ursäkta mig, var är utgången till perrongen?** [ɵ:ˈsɛkta mɛj, var ær 'ɵtgoːŋən tilʲ peˈroŋən?]

Does this train go to …?	**Går det här tåget till …?** [goːr dɛ hæːr 'toːget tilʲ …?]
next train	**nästa tåg** ['nɛsta toːg]
When is the next train?	**När går nästa tåg?** [nɛr goːr 'nɛsta toːg?]

Where can I see the schedule?	**Var kan jag se tidtabellen?** [var kan ja se tid tabɛlʲen?]
From which platform?	**Från vilken perrong?** [fron 'vilʲkən peˈroŋ?]
When does the train arrive in …?	**När ankommer tåget till …?** [nɛr 'ankomer 'toːget tilʲ …?]

Please help me.	**Snälla hjälp mig.** ['snɛlʲa jɛlʲp mɛj]
I'm looking for my seat.	**Jag letar efter min plats.** [ja 'lʲetar 'ɛftər min plʲats]
We're looking for our seats.	**Vi letar efter våra platser.** [vi 'lʲetar 'ɛftə 'voːra 'plʲatsər]

My seat is taken.	**Min plats är upptagen.** [min plʲats ær upˈtaːgen]
Our seats are taken.	**Våra platser är upptagna.** ['voːra 'plʲatsər ær upˈtagna]
I'm sorry but this is my seat.	**Jag är ledsen, men det här är min plats.** [ja ær 'lʲesən, men dɛ hæːr ær min plʲats]

Is this seat taken?

Är den här platsen upptagen?
[ɛr den hæːr ˈplʲatsən upˈtaːɡən?]

May I sit here?

Kan jag sitta här?
[kan ja ˈsita hæːr?]

On the train. Dialogue (No ticket)

Ticket, please.

Biljetten, tack.
[bi'lʲetən, tak]

I don't have a ticket.

Jag har ingen biljett.
[ja har 'iŋen bi'lʲet]

I lost my ticket.

Jag har förlorat min biljett.
[ja har fø:lʲorat min bi'lʲet]

I forgot my ticket at home.

Jag har glömt min biljett hemma.
[ja har 'glʲømt min bi'lʲet 'hɛma]

You can buy a ticket from me.

Du kan köpa biljett av mig.
[dʉ: kan 'ɕøpa bi'lʲet av mɛj]

You will also have to pay a fine.

Du kommer också behöva betala böter.
[dʉ: 'komər 'ukso be'høva be'talʲa 'bøtər]

Okay.

Okej.
[ɔ'kej]

Where are you going?

Vart ska du?
[va:ʈ ska: dʉ:?]

I'm going to ...

Jag ska till ...
[ja ska tilʲ ...]

How much? I don't understand.

Hur mycket? Jag förstår inte.
[hʉ: 'mʏke? ja fø:'ʂtoːr 'intə]

Write it down, please.

Vill du skriva det.
[vilʲ dʉ: 'skri:va dɛ]

Okay. Can I pay with a credit card?

Bra. Kan jag betala med kreditkort?
[bra:. kan ja be'talʲa me kre'dit koːʈ?]

Yes, you can.

Ja, det kan du.
[ja, dɛ kan dʉ]

Here's your receipt.

Här är ert kvitto.
[hæ:r ær e:ʈ 'kvito]

Sorry about the fine.

Jag beklagar bötesavgiften.
[ja be'klʲagar bøtesav 'jiftən]

That's okay. It was my fault.

Det är okej. Det var mitt fel.
[de: ær ɔ'kej. dɛ var mit felʲ]

Enjoy your trip.

Ha en trevlig resa.
[ha en 'trɛvlig 'resa]

Taxi

taxi	**taxi** ['taksi]
taxi driver	**taxichaufför** ['taksi ʂoˈføːr]
to catch a taxi	**att ta en taxi** [at ta en 'taksi]
taxi stand	**taxistation** ['taksi staˈʧuːn]
Where can I get a taxi?	**Var kan jag få tag på en taxi?** [var kan ja fo tag pɔ en 'taksi?]
to call a taxi	**att ringa en taxi** [at 'riŋa en 'taksi]
I need a taxi.	**Jag behöver en taxi.** [ja beˈhøvər en 'taksi]
Right now.	**Omedelbart.** [uˈmedelˌbaːt]
What is your address (location)?	**Vad har du för adress?** [vad har dʉ: før aˈdrɛs?]
My address is ...	**Min adress är ...** [min aˈdrɛs ær ...]
Your destination?	**Vart ska du åka?** [vaːʈ ska dʉ: oka?]
Excuse me, ...	**Ursäkta mig, ...** [ʉːˈʂɛkta mɛj, ...]
Are you available?	**Är du ledig?** [ɛr dʉ: 'ˡleːdig?]
How much is it to get to ...?	**Vad kostar det att åka till ...?** [vad 'kostar dɛ at 'oːka tilˡ ...?]
Do you know where it is?	**Vet du var det ligger?** [vet dʉ: var dɛ 'ligər?]
Airport, please.	**Till flygplatsen, tack.** [tilˡ 'flˡyg 'plˡatsən, tak]
Stop here, please.	**Kan du stanna här, tack.** [kan dʉ: 'stana hæ:r, tak]
It's not here.	**Det är inte här.** [de: ær 'intə hɛr]
This is the wrong address.	**Det här är fel adress.** [de: hæ:r ær felˡ aˈdrɛs]
Turn left.	**Sväng vänster.** ['svɛŋ 'vɛnstər]

Turn right.	**Sväng höger.** ['svɛŋ 'høɡər]
How much do I owe you?	**Hur mycket är jag skyldig?** [hʉ: 'mʏke ær ja 'ŋʏlˈdig?]
I'd like a receipt, please.	**Jag skulle vilja ha ett kvitto, tack.** [ja 'skʉlˈe 'vilja ha et 'kvito, tak]
Keep the change.	**Behåll växeln.** [be'holˈ 'vɛkselˈn]
Would you please wait for me?	**Vill du vara vänlig och vänta på mig?** [vilˈ dʉ: 'va:ra 'vɛnlig o vɛnta pɔ mɛj?]
five minutes	**fem minuter** [fem mi'nʉ:tər]
ten minutes	**tio minuter** ['ti:o mi'nʉ:tər]
fifteen minutes	**femton minuter** ['femtɔn mi'nʉ:tər]
twenty minutes	**tjugo minuter** ['ɕʉ:go mi'nʉ:ter]
half an hour	**en halvtimme** [en 'halˈv'timə]

Hotel

Hello.	**Hej** [hɛj]
My name is …	**Jag heter …** [ja 'hetər …]
I have a reservation.	**Jag har bokat.** [ja har 'bokat]
I need …	**Jag behöver …** [ja be'høvər …]
a single room	**ett enkelrum** [et 'ɛnkəlʲ ruːm]
a double room	**ett dubbelrum** [et 'dubəlʲ ruːm]
How much is that?	**Hur mycket kostar det?** [hʉ: 'mʏke 'kostar dɛ?]
That's a bit expensive.	**Det är lite dyrt.** [de: ær 'lʲitə dyːt]
Do you have anything else?	**Har du några andra alternativ?** [har dʉ: 'nogra 'andra alʲterna'tiv?]
I'll take it.	**Jag tar det.** [ja tar dɛ]
I'll pay in cash.	**Jag betalar kontant.** [ja be'talʲar kon'tant]
I've got a problem.	**Jag har ett problem.** [ja har et prɔ'blʲem]
My … is broken.	**… är trasig.** [… ær 'trasig]
My … is out of order.	**… fungerar inte.** [… fʉ'ŋerar 'intə]
TV	**min TV** [min 'teve]
air conditioner	**min luftkonditionering** [min 'lʲʉft kondiɳu'nɛriŋ]
tap	**min kran** [min kran]
shower	**min dusch** [min duʂ]
sink	**mitt handfat** [mit 'handfaːt]
safe	**mitt kassaskåp** [mit 'kasaˌskoːp]

door lock	**mitt dörrlås** [mit 'dørlⁱos]
electrical outlet	**mitt eluttag** [mit ɛlⁱʉ:tag]
hairdryer	**min hårtork** [min 'ho:tork]

I don't have ...	**Jag har ...** [ja har ...]
water	**inget vatten** ['iŋet 'vatən]
light	**inget ljus** ['iŋet jʉ:s]
electricity	**ingen elektricitet** [iŋen ɛlⁱektrisi'tet]

Can you give me ...?	**Skulle du kunna ge mig ...?** ['skʉlⁱe dʉ: 'kuna je mɛj ...?]
a towel	**en handduk** [en 'haŋdʉ:k]
a blanket	**en filt** [en filⁱt]
slippers	**tofflor** ['toflⁱor]
a robe	**en badrock** [en 'badrok]
shampoo	**schampo** ['ʂampo]
soap	**tvål** [tvo:lⁱ]

I'd like to change rooms.	**Jag skulle vilja byta rum.** [ja 'skʉlⁱe 'vilja 'by:ta ru:m]
I can't find my key.	**Jag hittar inte min nyckel.** [ja 'hitar 'inte min 'nʏkəlⁱ]
Could you open my room, please?	**Skulle du kunna öppna mitt rum, tack?** ['skʉlⁱe dʉ: 'kuna 'øpna mit rum, tak?]

Who's there?	**Vem är det?** [vem ær dɛ?]
Come in!	**Kom in!** [kom 'in!]
Just a minute!	**Ett ögonblick!** [et 'ø:gonblik!]

| Not right now, please. | **Inte just nu, tack.**
['intə jʉst nʉ:, tak] |
| Come to my room, please. | **Kom till mitt rum, tack.**
[kom tilⁱ mit ru:m, tak] |

I'd like to order food service.

Jag skulle vilja beställa mat via rumsservice.
[ja 'skɵlʲe 'vilja be'stɛlʲa mat via 'ruːmsøːvis]

My room number is …

Mitt rumsnummer är ...
[mit 'ruːms'nɵmer ær ...]

I'm leaving …

Jag reser ...
[ja 'reːsər ...]

We're leaving …

Vi reser ...
[viː 'reːsər ...]

right now

just nu
['jɵst nɵː]

this afternoon

i eftermiddag
[i 'ɛftə mid'daːg]

tonight

ikväll
[iːkvɛlʲ]

tomorrow

imorgon
[i'mɔrgɔn]

tomorrow morning

imorgon på morgonen
[i'mɔrgɔn pɔ 'mɔrgɔnən]

tomorrow evening

imorgon på kvällen
[i'mɔrgɔn pɔ 'kvɛlʲen]

the day after tomorrow

i övermorgon
[i 'øːvəˌmɔrgɔn]

I'd like to pay.

Jag skulle vilja betala.
[ja 'skɵlʲe 'vilja be'taːlʲa]

Everything was wonderful.

Allt var fantastiskt.
[alʲt var fan'tastiskt]

Where can I get a taxi?

Var kan jag få tag på en taxi?
[var kan ja fo tag pɔ en 'taksi?]

Would you call a taxi for me, please?

Skulle du vilja vara snäll och ringa en taxi åt mig?
['skɵlʲe dɵː vilja 'vaːra snɛlʲ o 'riŋa en 'taksi ot mɛj?]

Restaurant

Can I look at the menu, please?	**Kan jag få se menyn, tack?** [kan ja fo se me'nyn, tak?]
Table for one.	**Ett bord för en.** [et bo:d før en]
There are two (three, four) of us.	**Vi är två (tre, fyra) personer.** [vi: ær tvo: (tre, 'fy:ra) pɛ:'ʂu:nər]

Smoking	**Rökare** ['røkarə]
No smoking	**Icke rökare** ['ike røkarə]
Excuse me! (addressing a waiter)	**Ursäkta!** [ʉ:'ʂɛkta!]
menu	**meny** [me'ny:]
wine list	**vinlista** ['vi:nlista]
The menu, please.	**Menyn, tack.** [me'nyn, tak]

Are you ready to order?	**Är ni redo att beställa?** [ɛr ni 'redo at be'stɛlʲa?]
What will you have?	**Vad önskar du?** [vad 'önskar dʉ:?]
I'll have …	**Jag tar …** [ja tar …]

I'm a vegetarian.	**Jag är vegetarian.** [ja ær vegetari'a:n]
meat	**kött** [çø:t]
fish	**fisk** ['fisk]
vegetables	**grönsaker** ['grøn'sakər]
Do you have vegetarian dishes?	**Har ni vegetariska rätter?** [har ni vege'ta:riska 'rɛtər?]
I don't eat pork.	**Jag äter inte kött.** [ja 'ɛ:ter 'intə çøt]
He /she/ doesn't eat meat.	**Han /hon/ äter inte kött.** [han /hon/ 'ɛ:tər 'intə çøt]
I am allergic to …	**Jag är allergisk mot …** [ja ær a'lʲɛrgisk mut …]

Would you please bring me …

Skulle du kunna ge mig …
['skʉlʲe dʉː 'kuna je mɛj …]

salt | pepper | sugar

salt I peppar I socker
[salʲt | 'pepar | 'sokər]

coffee | tea | dessert

kaffe I te I dessert
['kafə | te | de'sɛːr]

water | sparkling | plain

vatten I kolsyrat I icke kolsyrat
['vaten | 'kɔlʲ'syːrat | 'ike 'kɔlʲ'syːrat]

a spoon | fork | knife

en sked I gaffel I kniv
[en ɧed | 'gafəlʲ | kniːv]

a plate | napkin

en tallrik I servett
[en 'talʲrik | ser'vet]

Enjoy your meal!

Smaklig måltid!
['smaklig 'molʲtid!]

One more, please.

En /Ett/ … till tack.
[en /et/ … tilʲ tak]

It was very delicious.

Det var utsökt.
[dɛ var 'ʉtsøkt]

check | change | tip

nota I växel I dricks
['noːta | 'vɛksəlʲ | driks]

Check, please.
(Could I have the check, please?)

Notan, tack.
['noːtan, tak]

Can I pay by credit card?

Kan jag betala med kreditkort?
[kan ja be'talʲa me kre'dit koːʈ?]

I'm sorry, there's a mistake here.

Jag beklagar, det är ett misstag här.
[ja be'klʲagar, dɛ ær et 'mistag hæːr]

Shopping

Can I help you?
Kan jag hjälpa dig?
[kan ja ˈjɛlʲpa dɛj?]

Do you have ...?
Har ni ...?
[har ni ...?]

I'm looking for ...
Jag letar efter ...
[ja ˈlʲetar ˈɛftər ...]

I need ...
Jag behöver ...
[ja beˈhøvər ...]

I'm just looking.
Jag tittar bara.
[ja ˈtitar ˈbaːra]

We're just looking.
Vi tittar bara.
[vi ˈtitar ˈbaːra]

I'll come back later.
Jag kommer tillbaka senare.
[ja ˈkomər tilʲˈbaka ˈsenarə]

We'll come back later.
Vi kommer tillbaka senare.
[vi ˈkomər tilʲˈbaka ˈsenarə]

discounts | sale
rabatt I rea
[raˈbat | ˈreːa]

Would you please show me ...
Skulle du kunna visa mig ...
[ˈskɵlʲe dɵː ˈkuna ˈviːsa mɛj ...]

Would you please give me ...
Skulle du kunna ge mig ...
[ˈskɵlʲe dɵː ˈkuna je mɛj ...]

Can I try it on?
Kan jag prova?
[kan ja ˈpruːva?]

Excuse me, where's the fitting room?
Ursäkta mig, var finns provrummen?
[ɵˈʂɛkta mɛj, var fins ˈpruvˌrumən?]

Which color would you like?
Vilken färg vill du ha?
[ˈvilʲkən ˈfæːrj vilʲ dɵː ha?]

size | length
storlek I längd
[ˈstorlʲek | lʲɛŋd]

How does it fit?
Hur sitter den?
[hɵː ˈsitər den?]

How much is it?
Hur mycket kostar det?
[hɵː ˈmʏke ˈkostar dɛ?]

That's too expensive.
Det är för dyrt.
[deː ær før dyːt]

I'll take it.
Jag tar den (det, dem).
[ja tar den (dɛ, dem)]

Excuse me, where do I pay?
Ursäkta mig, var betalar man?
[ɵˈʂɛkta mɛj, var beˈtalʲar man?]

Will you pay in cash or credit card?

Betalar du kontant eller med kreditkort?
[be'talʲar dʉ: kon'tant elʲe me kre'dit ko:ʈ?]

In cash | with credit card

Kontant I med kreditkort
[kon'tant | me kre'dit ko:ʈ]

Do you want the receipt?

Vill du ha kvittot?
[vilʲ dʉ: ha: 'kvitot?]

Yes, please.

Ja, tack.
[ja, tak]

No, it's OK.

Nej, det behövs inte.
[nɛj, dɛ bɛhøvs 'inte]

Thank you. Have a nice day!

Tack. Ha en bra dag!
[tak. ha en bra: dag!]

In town

Excuse me, please.	**Ursäkta mig.** [ʉː'ʂɛkta mɛj]
I'm looking for ...	**Jag letar efter ...** [ja 'lʲetar 'ɛftər ...]

the subway	**tunnelbanan** ['tʉnəlʲ 'baːnan]
my hotel	**mitt hotell** [mit ho'telʲ]
the movie theater	**biografen** [bio'grafən]
a taxi stand	**en taxistation** [en 'taksi sta'ɧuːn]

an ATM	**en uttagsautomat** [en ʉː'taːgs auto'mat]
a foreign exchange office	**ett växlingskontor** [et 'vɛksliŋs kon'tuːr]
an internet café	**ett internetkafé** [et 'internet ka'fe]
... street	**... gatan** [... 'gatan]
this place	**den här platsen** [den hæːr 'plʲatsən]

Do you know where ... is?	**Vet du var ... ligger?** [vet dʉ: var ... 'ligər?]
Which street is this?	**Vilken gata är det här?** ['vilʲkən gata ær dɛ hæːr?]
Show me where we are right now.	**Kan du visa mig var vi är nu.** [kan dʉ: 'viːsa mɛj var vi ær nʉ:]

Can I get there on foot?	**Kan jag ta mig dit till fots?** [kan ja ta mɛj dit tilʲ 'fɔts?]
Do you have a map of the city?	**Har ni en karta över stan?** [har ni en 'kaːṭa ø:vər stan?]

How much is a ticket to get in?	**Hur mycket kostar inträdet?** [hʉ: 'mʏke 'kostar intrɛdet?]
Can I take pictures here?	**Får jag fotografera här?** [for ja fʊtʊgra'fera hæːr?]
Are you open?	**Har ni öppet?** [har ni øpet?]

When do you open?   **När öppnar ni?**
                                  [nɛr øpnar ni?]

When do you close?   **När stänger ni?**
                                  [nɛr 'stɛŋər ni?]

Money

money	**pengar** ['peŋar]
cash	**kontanter** [kon'tantər]
paper money	**sedlar** ['sedlʲar]
loose change	**småpengar** ['smoː'peŋar]
check | change | tip	**nota I växel I dricks** ['noːta | 'vɛksəlʲ | driks]

credit card	**kreditkort** [kre'dit koːt]
wallet	**plånbok** ['plʲoːnbʊk]
to buy	**att köpa** [at 'ɕøpa]
to pay	**att betala** [at be'talʲa]
fine	**böter** ['bøter]
free	**gratis** ['gratis]

Where can I buy ...?	**Var kan jag köpa ...?** [var kan ja 'ɕøpa ...?]
Is the bank open now?	**Är banken öppen nu?** [ɛr 'bankəen 'øpen nʉ:?]
When does it open?	**När öppnar den?** [nɛr øpnar dɛn?]
When does it close?	**När stänger den?** [nɛr 'stɛŋər den?]

How much?	**Hur mycket?** [hʉ: 'mʏke?]
How much is this?	**Hur mycket kostar den här?** [hʉ: 'mʏke 'kostar den hæ:r?]
That's too expensive.	**Det är för dyrt.** [de: ær før dy:t]

Excuse me, where do I pay?	**Ursäkta mig, var betalar man?** [ʉː'sɛkta mɛj, var be'talʲar man?]
Check, please.	**Notan, tack.** ['noːtan, tak]

Can I pay by credit card? **Kan jag betala med kreditkort?**
[kan ja be'talʲa me kre'dit koːʈ?]

Is there an ATM here? **Finns det en uttagsautomat här?**
[fins dɛ en 'utags auto'mat hæːr?]

I'm looking for an ATM. **Jag letar efter en uttagsautomat.**
[ja 'lʲetar 'ɛftər en ʉːtags auto'mat]

I'm looking for a foreign exchange office. **Jag letar efter ett växlingskontor.**
[ja 'lʲetar 'ɛftər et 'vɛksliŋs kon'tuːr]

I'd like to change ... **Jag skulle vilja växla ...**
[ja 'skɵlʲe 'vilja 'vɛkslʲa ...]

What is the exchange rate? **Vad är växlingskursen?**
[vad ær 'vɛksliŋs 'kʉːʂən?]

Do you need my passport? **Behöver du mitt pass?**
[be'høvər dʉː mit pas?]

Time

What time is it?	**Vad är klockan?** [vad ær 'klʲokan?]
When?	**När?** [nɛr?]
At what time?	**Vid vilken tid?** [vid 'vilʲkən tid?]
now | later | after ...	**nu I senare I efter ...** [nʉ: | 'senarə | 'ɛftər ...]
one o'clock	**klockan ett** ['klʲokan et]
one fifteen	**kvart över ett** [kvaːʈ 'øːvər et]
one thirty	**halv två** [halʲv tvoː]
one forty-five	**kvart i två** [kvaːʈ i tvoː]
one | two | three	**ett I två I tre** [et | tvoː | trɛ]
four | five | six	**fyra I fem I sex** ['fyːra | fem | sɛks]
seven | eight | nine	**sju I åtta I nio** [ɧʉː | 'ota | 'niːo]
ten | eleven | twelve	**tio I elva I tolv** ['tiːo | 'elʲva | 'tolʲv]
in ...	**om ...** [om ...]
five minutes	**fem minuter** [fem mi'nʉːtər]
ten minutes	**tio minuter** ['tiːo mi'nʉːtər]
fifteen minutes	**femton minuter** ['femton mi'nʉːtər]
twenty minutes	**tjugo minuter** ['ɕʉːgo mi'nʉːter]
half an hour	**en halvtimme** [en 'halʲv'timə]
an hour	**en timme** [en 'timə]
in the morning	**på morgonen** [pɔ 'mɔrgɔnən]
early in the morning	**tidigt på morgonen** ['tidit pɔ 'mɔrgɔnən]

this morning	**den här morgonen**
	[den hæːr 'mɔrgɔnən]
tomorrow morning	**imorgon på morgonen**
	[i'mɔrgɔn pɔ 'mɔrgɔnən]

in the middle of the day	**mitt på dagen**
	[mit pɔ 'dagən]
in the afternoon	**på eftermiddagen**
	[pɔ 'ɛftə mid'dagən]
in the evening	**på kvällen**
	[pɔ 'kvɛlʲen]
tonight	**ikväll**
	[iːkvɛlʲ]

at night	**på natten**
	[pɔ 'natən]
yesterday	**i går**
	[i goːr]
today	**idag**
	[idaːg]
tomorrow	**imorgon**
	[i'mɔrgɔn]
the day after tomorrow	**i övermorgon**
	[i 'øːvəˌmɔrgɔn]

What day is it today?	**Vad är det för dag idag?**
	[vad ær dɛ før daːg 'idaːg?]
It's …	**Det är …**
	[deː ær …]
Monday	**måndag**
	['mɔndag]
Tuesday	**tisdag**
	['tiːsdag]
Wednesday	**onsdag**
	['onsdag]

Thursday	**torsdag**
	['toːʂdag]
Friday	**fredag**
	['freːdag]
Saturday	**lördag**
	['lʲøːɖag]
Sunday	**söndag**
	['sœndag]

Greetings. Introductions

Hello.

Hej
[hɛj]

Pleased to meet you.

Trevligt att träffas.
['trɛvligt at trɛfas]

Me too.

Detsamma.
[de'sama]

I'd like you to meet ...

Jag skulle vilja träffa ...
[ja 'skɵlˡe 'vilja 'trɛfa ...]

Nice to meet you.

Trevligt att träffas.
['trɛvligt at trɛfas]

How are you?

Hur står det till?
[hɵ: sto: dɛ tilˡ?]

My name is ...

Jag heter ...
[ja 'hetər ...]

His name is ...

Han heter ...
[han 'hetər ...]

Her name is ...

Hon heter ...
[hon 'hetər ...]

What's your name?

Vad heter du?
[vad 'hetər dɵ:?]

What's his name?

Vad heter han?
[vad 'hetər han?]

What's her name?

Vad heter hon?
[vad 'hetər hon?]

What's your last name?

Vad heter du i efternamn?
[vad 'hetər dɵ: i 'ɛftəˌnamn?]

You can call me ...

Du kan kalla mig ...
[dɵ: kan 'kalˡa mɛj ...]

Where are you from?

Varifrån kommer du?
['varifron 'komøer dɵ:?]

I'm from ...

Jag kommer från ...
[ja 'komør fron ...]

What do you do for a living?

Vad arbetar du med?
[vad ar'betar dɵ: me:?]

Who is this?

Vem är det här?
[vem ær dɛ hæ:r?]

Who is he?

Vem är han?
[vem ær han?]

Who is she?

Vem är hon?
[vem ær hon?]

Who are they?

This is …

my friend (masc.)

my friend (fem.)

my husband

my wife

my father

my mother

my brother

my sister

my son

my daughter

This is our son.

This is our daughter.

These are my children.

These are our children.

Vilka är de?
['vilʲka ær dom?]

Det här är ...
[de: hæːr ær ...]

min vän
[min vɛn]

min väninna
[min vɛ'nina]

min man
[min man]

min fru
[min frʉ:]

min far
[min faːr]

min mor
[min moːr]

min bror
[min 'bruːr]

min syster
[min 'sʏstər]

min son
[min soːn]

min dotter
[min 'dotər]

Det här är vår son.
[de: hæːr ær vor son]

Det här är vår dotter.
[de: hæːr ær vor 'dotər]

Det här är mina barn.
[de: hæːr ær 'mina baːɳ]

Det här är våra barn.
[de: hæːr ær 'voːra baːɳ]

Farewells

Good bye!	**På återseende! Hej då!** [pɔ ote:'ʂeəndə! hɛj do:!]
Bye! (inform.)	**Hej då!** [hɛj do:!]
See you tomorrow.	**Vi ses imorgon.** [vi ses i'mɔrgɔn]
See you soon.	**Vi ses snart.** [vi ses sna:t̪]
See you at seven.	**Vi ses klockan sju.** [vi ses 'kl̪ʲokan ʃʉ:]

Have fun!	**Ha det så roligt!** [ha dɛ so 'roligt!]
Talk to you later.	**Vi hörs senare.** [vi hø:ʂ 'senərə]
Have a nice weekend.	**Ha en trevlig helg.** [ha en 'trɛvlig helj]
Good night.	**Godnatt.** [god'nat]

It's time for me to go.	**Det är dags för mig att ge mig av.** [de: ær da:gs før mɛj at je mɛj av]
I have to go.	**Jag behöver ge mig av.** [ja be'høvər je mɛj av]
I will be right back.	**Jag kommer strax tillbaka.** [ja 'komər straks til̪ʲ'baka]

It's late.	**Det är sent.** [de: ær sɛnt]
I have to get up early.	**Jag måste gå upp tidigt.** [ja 'mostə go up 'tidit]
I'm leaving tomorrow.	**Jag ger mig av imorgon.** [ja jer mɛj av i'mɔrgɔn]
We're leaving tomorrow.	**Vi ger oss av imorgon.** [vi je:r os av i'mɔrgɔn]

Have a nice trip!	**Trevlig resa!** ['trɛvlig 'resa!]
It was nice meeting you.	**Det var trevligt att träffas.** [dɛ var 'trɛvligt at trɛfas]
It was nice talking to you.	**Det var trevligt att prata med dig.** [de: var 'trɛvligt at 'pra:ta me dɛj]
Thanks for everything.	**Tack för allt.** [tak før al̪ʲt]

I had a very good time.   **Jag hade väldigt trevligt.**
[ja 'hadə 'vɛlˈdigt 'trɛvligt]

We had a very good time.   **Vi hade väldigt trevligt.**
[vi 'hade 'vɛlˈdigt 'trɛvligt]

It was really great.   **Det var verkligen trevligt.**
[dɛ var 'vɛrkligən 'trɛvligt]

I'm going to miss you.   **Jag kommer att sakna dig.**
[ja 'komər at 'sakna dɛj]

We're going to miss you.   **Vi kommer att sakna dig.**
[vi 'komər at 'sakna dɛj]

Good luck!   **Lycka till!**
['lʏka tilˈ!]

Say hi to ...   **Hälsa till ...**
['hɛlˈsa tilˈ ...]

Foreign language

I don't understand.	**Jag förstår inte.** [ja fø:'ṣto:r 'intə]
Write it down, please.	**Skulle du kunna skriva ner det.** ['skᵾlʲe dᵾ: 'kuna 'skri:va ner dɛ]
Do you speak ...?	**Talar du ...** ['talʲar dᵾ: ...]

I speak a little bit of ...	**Jag talar lite ...** [ja 'talʲar 'lʲitə ...]
English	**engelska** ['ɛŋelʲska]
Turkish	**turkiska** ['tᵾrkiska]
Arabic	**arabiska** [a'rabiska]
French	**franska** ['franska]

German	**tyska** ['tʏska]
Italian	**italienska** [ita'lje:nska]
Spanish	**spanska** ['spanska]
Portuguese	**portugisiska** [po:ṭᵾ'gi:siska]
Chinese	**kinesiska** [ɕi'nesiska]
Japanese	**japanska** [ja'pa:nska]

Can you repeat that, please.	**Kan du upprepa det, tack.** [kan dᵾ: 'uprepa dɛ, tak]
I understand.	**Jag förstår.** [ja fø:'ṣto:r]
I don't understand.	**Jag förstår inte.** [ja fø:'ṣto:r 'intə]
Please speak more slowly.	**Kan du prata långsammare, tack.** [kan dᵾ: 'pra:ta lʲo:ŋ'samarə, tak]

Is that correct? (Am I saying it right?)	**Är det rätt?** [ɛr dɛ rɛt?]
What is this? (What does this mean?)	**Vad är det här?** [vad ær dɛ hɛr?]

Apologies

Excuse me, please.	**Ursäkta mig.** [ɵ:'ʂɛkta mɛj]
I'm sorry.	**Jag är ledsen.** [ja ær 'lʲesən]
I'm really sorry.	**Jag är verkligen ledsen.** [ja ær 'vɛrkligən 'lʲesen]
Sorry, it's my fault.	**Jag är ledsen, det är mitt fel.** [ja ær 'lʲesən, dɛ ær mit felʲ]
My mistake.	**Det är jag som har gjort ett misstag.** [de: ær ja som har jo:ʈ et 'mistag]
May I ...?	**Får jag ... ?** [for ja: ...?]
Do you mind if I ...?	**Har du något emot om jag ...?** [har dɵ: 'no:gɔt ɛ'mo:t om ja ...?]
It's OK.	**Det är okej.** [de: ær ɔ'kej]
It's all right.	**Det är okej.** [de: ær ɔ'kej]
Don't worry about it.	**Tänk inte på det.** [tɛnk 'intə pɔ dɛ]

Agreement

Yes.	**Ja** [ja]
Yes, sure.	**Ja, säkert.** [ja, 'sɛːket]
OK (Good!)	**Bra!** [braː!]
Very well.	**Mycket bra.** ['mʏke braː]
Certainly!	**Ja visst!** [ja vist!]
I agree.	**Jag håller med.** [ja 'holʲer meː]

That's correct.	**Det stämmer.** [deː 'stɛmər]
That's right.	**Det är rätt.** [deː ær rɛt]
You're right.	**Du har rätt.** [dʉː har rɛt]
I don't mind.	**Jag har inget emot det.** [ja har 'iŋet ɛ'moːt dɛ]
Absolutely right.	**Det stämmer helt.** [deː 'stɛmər helʲt]

It's possible.	**Det är möjligt.** [deː ær 'møjligt]
That's a good idea.	**Det är en bra idé.** [deː ær en braː i'deː]
I can't say no.	**Jag kan inte säga nej.** [ja kan 'intə 'sɛja nɛj]
I'd be happy to.	**Det gör jag gärna.** [deː jør ja 'jæːŋa]
With pleasure.	**Med nöje.** [me 'nøje]

Refusal. Expressing doubt

No.
Nej
[nɛj]

Certainly not.
Verkligen inte.
['vɛrkligən 'intə]

I don't agree.
Jag håller inte med.
[ja 'holʲer 'intə me:]

I don't think so.
Jag tror inte det.
[ja tror 'intə dɛ]

It's not true.
Det är inte sant.
[de: ær 'intə sant]

You are wrong.
Du har fel.
[dʉ: har felʲ]

I think you are wrong.
Jag tycker att du har fel.
[ja 'tʏkər at dʉ: har felʲ]

I'm not sure.
Jag är inte säker.
[ja ær 'intə 'sɛ:kər]

It's impossible.
Det är omöjligt.
[de: ær u:'mœjligt]

Nothing of the kind (sort)!
Absolut inte!
[abso'lʲʉt 'intə!]

The exact opposite.
Raka motsatsen.
['ra:ka 'mo:tsatsən]

I'm against it.
Jag är emot det.
[ja ær ɛ'mo:t dɛ]

I don't care.
Jag bryr mig inte om det.
[ja bry:r mɛj 'intə om dɛ]

I have no idea.
Jag har ingen aning.
[ja har 'iŋen 'aniŋ]

I doubt it.
Jag betvivlar det.
[ja bet'vivlʲar dɛ]

Sorry, I can't.
Jag är ledsen, det kan jag inte.
[ja ær 'lʲesən, dɛ kan ja 'intə]

Sorry, I don't want to.
Jag är ledsen, det vill jag inte.
[ja ær 'lʲesən, dɛ vilʲ ja 'intə]

Thank you, but I don't need this.
Nej, tack.
[nɛj, tak]

It's getting late.
Det börjar bli sent.
[de: 'børjar bli sɛnt]

I have to get up early.

Jag måste gå upp tidigt.
[ja 'mostə go up 'tidit]

I don't feel well.

Jag mår inte bra.
[ja mor 'intə bra:]

Expressing gratitude

Thank you.	**Tack** [tak]
Thank you very much.	**Tack så mycket.** [tak so 'mʏke]
I really appreciate it.	**Jag uppskattar det verkligen.** [ja 'upskatar dɛ 'vɛrkligən]
I'm really grateful to you.	**Jag är verkligen tacksam mot dig.** [ja ær 'vɛrkligən 'taksam mot dɛj]
We are really grateful to you.	**Vi är verkligen tacksamma mot dig.** [vi: ær 'vɛrkligən 'taksama mo:t dɛj]

Thank you for your time.	**Tack för dig stund.** [tak før dɛj stund]
Thanks for everything.	**Tack för allt.** [tak før alˡt]
Thank you for ...	**Tack för ...** [tak før ...]
your help	**din hjälp** [din jɛlˡp]
a nice time	**en trevlig tid** [en 'trɛvlig tid]

a wonderful meal	**en fantastisk måltid** [en fan'tastisk 'molˡtid]
a pleasant evening	**en trevlig kväll** [en 'trɛvlig kvɛlˡ]
a wonderful day	**en underbar dag** [en 'undəbar da:g]
an amazing journey	**en fantastisk resa** [en fan'tastisk 'resa]

Don't mention it.	**Ingen orsak.** ['iŋen 'u:ṣak]
You are welcome.	**Väl bekomme.** [vɛlˡ be'komə]
Any time.	**Ingen orsak.** ['iŋen 'u:ṣak]
My pleasure.	**Nöjet är helt på min sida.** ['nøjet ær helˡt pɔ min 'si:da]
Forget it.	**Ingen orsak.** ['iŋen 'u:ṣak]
Don't worry about it.	**Tänk inte på det.** [tɛnk 'intə pɔ dɛ]

Congratulations. Best wishes

Congratulations! **Gratulationer!**
[gratɵlʲaˈfŋuːnər!]
Happy birthday! **Grattis på födelsedagen!**
['gratis pɔ 'fødelʲsə 'dagen!]
Merry Christmas! **God Jul!**
[god jɵːlʲ!]
Happy New Year! **Gott Nytt År!**
[got nʏt oːr!]

Happy Easter! **Glad Påsk!**
[glʲad 'posk!]
Happy Hanukkah! **Glad Chanukka!**
[glʲad 'hanɵka!]

I'd like to propose a toast. **Jag skulle vilja utbringa en skål.**
[ja 'skɵlʲe 'vilja ɵːt'briŋa en skolʲ]
Cheers! **Skål!**
[skolʲ!]
Let's drink to …! **Låt oss dricka för …!**
[lʲot os 'drika før …!]
To our success! **För vår framgång!**
[før vor 'framgoːŋ!]
To your success! **För dig framgång!**
[før dɛj 'framgoːŋ!]

Good luck! **Lycka till!**
['lʲʏka tilʲ!]
Have a nice day! **Ha en bra dag!**
[ha en braː dag!]
Have a good holiday! **Ha en bra helg!**
[ha en braː helj!]
Have a safe journey! **Säker resa!**
['sɛːkər 'resa!]
I hope you get better soon! **Krya på dig!**
['krya pɔ dɛj!]

Socializing

Why are you sad?	**Varför är du ledsen?** ['va:fø:r ær dɵ: 'lʲesən?]
Smile! Cheer up!	**Får jag se ett leende? Upp med hakan!** [for ja se et 'lʲeəndə? up me 'ha:kan!]
Are you free tonight?	**Är du ledig ikväll?** [ɛr dɵ: 'lʲe:dig i:kvɛlʲ?]
May I offer you a drink?	**Får jag bjuda på en drink?** [for ja 'bjɵ:da pɔ en drink?]
Would you like to dance?	**Vill du dansa?** [vilʲ dɵ: 'dansa?]
Let's go to the movies.	**Låt oss gå på bio.** [lʲot os go pɔ 'bi:o]
May I invite you to ...?	**Får jag bjuda dig på ...?** [for ja 'bjɵ:da dɛj pɔ ...?]
a restaurant	**restaurang** [rɛstɔ'raŋ]
the movies	**bio** ['bio]
the theater	**teater** [te'a:ter]
go for a walk	**gå på en promenad** ['go pɔ en prome'nad]
At what time?	**Vilken tid?** ['vilʲkən tid?]
tonight	**ikväll** [i:kvɛlʲ]
at six	**vid sex** [vid 'sɛks]
at seven	**vid sju** [vid ʃɵ:]
at eight	**vid åtta** [vid 'ota]
at nine	**vid nio** [vid 'ni:o]
Do you like it here?	**Gillar du det här stället?** ['jilʲar dɵ: dɛ hæ:r 'stɛlʲet?]
Are you here with someone?	**Är du här med någon?** [ɛr dɵ: hæ:r me 'no:gɔn?]
I'm with my friend.	**Jag är här med min vän /väninna/.** [ja ær hæ:r me min vɛn /vɛ'nina/]

I'm with my friends.

No, I'm alone.

Jag är här med mina vänner.
[ja ær hæ:r me 'mina 'vɛnər]

Nej, jag är ensam.
[nɛj, ja ær 'ɛnsam]

Do you have a boyfriend?

I have a boyfriend.

Do you have a girlfriend?

I have a girlfriend.

Har du pojkvän?
[har dʉ: 'pojkvɛn?]

Jag har pojkvän.
[ja har 'pojkvɛn]

Har du flickvän?
[har dʉ: 'flikvɛn?]

Jag har flickvän.
[ja har 'flˑikvɛn]

Can I see you again?

Can I call you?

Call me. (Give me a call.)

What's your number?

I miss you.

Får jag träffa dig igen?
[for ja 'trɛfa dɛj i'jen?]

Kan jag ringa dig?
[kan ja 'riŋa dɛj?]

Ring mig.
['riŋ mɛj]

Vad har du för nummer?
[vad har dʉ: før 'nʉmər?]

Jag saknar dig.
[ja 'saknar dɛj]

You have a beautiful name.

I love you.

Will you marry me?

You're kidding!

I'm just kidding.

Du har ett vackert namn.
[dʉ: har et 'vake:ʈ namn]

Jag älskar dig.
[ja 'ɛlˑskər dɛj]

Vill du gifta dig med mig?
[vilˑ dʉ: 'jifta dɛj me mɛj?]

Du skämtar!
[dʉ: 'ɧɛmtar!]

Jag skämtar bara.
[ja 'ɧɛmtar 'ba:ra]

Are you serious?

I'm serious.

Really?!

It's unbelievable!

I don't believe you.

Menar du allvar?
['me:nar dʉ: 'alˑva:r?]

Jag menar allvar.
[ja 'me:nar 'alˑva:r]

Verkligen?!
['vɛrkligən?!]

Det är otroligt!
[de: ær u:'tro:ligt!]

Jag tror dig inte.
[ja tror dɛj 'intə]

I can't.

I don't know.

Jag kan inte.
[ja kan 'intə]

Jag vet inte.
[ja vet 'intə]

I don't understand you.

Please go away.

Leave me alone!

Jag förstår dig inte.
[ja fø:'ʂto:r dɛj 'intə]

Var snäll och gå.
[var snɛlʲ o go:]

Lämna mig ifred!
['lʲɛ:mna mɛj ifre:d!]

I can't stand him.

You are disgusting!

I'll call the police!

Jag står inte ut med honom.
[ja sto:r 'intə ʉt me 'honom]

Du är vedervärdig!
[dʉ: ær 'vedervæ:ɖig!]

Jag ska ringa polisen!
[ja ska 'riŋa po'lʲi:sən!]

Sharing impressions. Emotions

I like it.	**Jag tycker om det.**
	[ja 'tʏkər om dɛ]
Very nice.	**Jättefint.**
	['jɛtefint]
That's great!	**Det är fantastiskt!**
	[de: ær fan'tastiskt!]
It's not bad.	**Det är inte illa.**
	[de: ær 'intə 'ilʲa]

I don't like it.	**Jag gillar det inte.**
	[ja 'jilʲar dɛ 'intəe]
It's not good.	**Det är inte bra.**
	[de: ær 'intə bra:]
It's bad.	**Det är illa.**
	[de: ær 'ilʲa]
It's very bad.	**Det är väldigt dåligt.**
	[de: ær 'vɛlʲdigt 'do:ligt]
It's disgusting.	**Det är förskräckligt.**
	[de: ær fø:'ʂkrɛkligt]

I'm happy.	**Jag är glad.**
	[ja ær glʲad]
I'm content.	**Jag är nöjd.**
	[ja ær 'nøjd]
I'm in love.	**Jag är kär.**
	[ja ær 'kæ:r]
I'm calm.	**Jag är lugn.**
	[ja ær 'lʲʉŋn]
I'm bored.	**Jag är utträkad.**
	[ja ær ʉt'trokad]

I'm tired.	**Jag är trött.**
	[ja ær trøt]
I'm sad.	**Jag är ledsen.**
	[ja ær 'lʲesən]
I'm frightened.	**Jag är rädd.**
	[ja ær rɛd]

I'm angry.	**Jag är arg.**
	[ja ær arj]
I'm worried.	**Jag är orolig.**
	[ja ær u'rulig]
I'm nervous.	**Jag är nervös.**
	[ja ær ner'vø:s]

I'm jealous. (envious)　　　　**Jag är svartsjuk.**
[ja ær 'svaːtʃuːk]

I'm surprised.　　　　**Jag är överraskad.**
[ja ær øːvɛ'raskad]

I'm perplexed.　　　　**Jag är förvirrad.**
[ja ær før'virad]

Problems. Accidents

I've got a problem.	**Jag har ett problem.** [ja har et prɔ'blʲem]
We've got a problem.	**Vi har ett problem.** [vi har et prɔ'blʲem]
I'm lost.	**Jag är vilse.** [ja ær 'vilʲsə]
I missed the last bus (train).	**Jag missade sista bussen (tåget).** [ja 'misadə 'sista 'busən ('tɔ:get)]
I don't have any money left.	**Jag har inga pengar kvar.** [ja har 'iŋa 'peŋar kva:r]

I've lost my ...	**Jag har förlorat ...** [ja har fø:lʲorat ...]
Someone stole my ...	**Någon har stulit ...** ['nɔ:gɔn har 'stu:lit ...]
passport	**mitt pass** [mit pas]
wallet	**min plånbok** [min 'plʲo:nbʊk]
papers	**mina handlingar** ['mina 'handliŋar]
ticket	**min biljett** [min bi'lʲet]
money	**mina pengar** ['mina 'peŋar]
handbag	**min handväska** [min 'hand͵vɛska]
camera	**min kamera** [min 'ka:mera]
laptop	**min laptop** [min 'lʲaptop]
tablet computer	**min surfplatta** [min 'sʊrfplʲata]
mobile phone	**min mobiltelefon** [min mo'bilʲ telʲe'fɔn]

Help me!	**Hjälp mig!** ['jɛlʲp mɛj!]
What's happened?	**Vad har hänt?** [vad har hɛnt?]
fire	**brand** [brand]
shooting	**skottlossning** [skot'lʲosniŋ]

murder	**mord** ['moːd]
explosion	**explosion** [ɛksplʲoˈʃuːn]
fight	**slagsmål** ['slʲaks moːlʲ]

Call the police!	**Ring polisen!** ['riŋ poˈliːsən!]
Please hurry up!	**Snälla skynda på!** ['snɛlʲa 'ɧynda poː!]
I'm looking for the police station.	**Jag letar efter polisstationen.** [ja 'lʲetar 'ɛftər poˈlʲis staˈɧuːnən]
I need to make a call.	**Jag behöver ringa ett samtal.** [ja beˈhøvər 'riŋa et 'samtalʲ]
May I use your phone?	**Får jag använda din telefon?** [for ja 'anvɛnda din telʲeˈfon?]

I've been …	**Jag har blivit ...** [ja har 'blivit ...]
mugged	**rånad** ['ronad]
robbed	**bestulen** [beˈstʉːlʲen]
raped	**våldtagen** ['volʲdˌtagən]
attacked (beaten up)	**angripen** ['aŋripən]

Are you all right?	**Är det okej med dig?** [ɛr dɛ ɔ'kej me dɛj?]
Did you see who it was?	**Såg du vem det var?** [sog dʉː vɛm dɛ vaːr?]
Would you be able to recognize the person?	**Skulle du kunna känna igen personen?** ['skʉlʲe dʉː 'kuna kɛna ijen pɛːˈʂuːnən?]
Are you sure?	**Är du säker?** [ɛr dʉː 'sɛːker?]

Please calm down.	**Snälla lugna ner dig.** ['snɛlʲa 'lʲʉnʲa ne dɛj]
Take it easy!	**Ta det lugnt!** [ta dɛ lʲʉŋt!]
Don't worry!	**Oroa dig inte!** ['oːroa dɛj 'inte!]
Everything will be fine.	**Allt kommer att bli bra.** [alʲt 'komər at bli braː]
Everything's all right.	**Allt är okej.** [alʲt ær ɔ'kej]
Come here, please.	**Vill du vara snäll och följa med?** [vilʲ dʉː 'vaːra snɛlʲ o 'følʲa meː?]

I have some questions for you.

Jag har några frågor till dig.
[ja har 'nogra 'frogor til dɛj]

Wait a moment, please.

**Var snäll och vänta
ett ögonblick, tack.**
[var snɛlʲ o 'vɛnta
et 'ø:gonblik, tak]

Do you have any I.D.?

Har du någon legitimation?
[har dʉ: 'no:gon lʲegitima'ɧu:n?]

Thanks. You can leave now.

Tack. Du kan gå nu.
[tak. dʉ: kan go nʉ:]

Hands behind your head!

Händerna bakom huvudet!
['hɛnderna 'bakom 'hʉvʉdet!]

You're under arrest!

Du är anhållen!
[dʉ: ær an'holʲen!]

Health problems

Please help me.	**Snälla hjälp mig.** ['snɛlʲa jɛlʲp mɛj]
I don't feel well.	**Jag mår inte bra.** [ja mor 'intə braː]
My husband doesn't feel well.	**Min man mår inte bra.** [min man mor 'intə braː]
My son …	**Min son ...** [min soːn ...]
My father …	**min far ...** [min faːr ...]
My wife doesn't feel well.	**Min fru mår inte bra.** [min frʉː mor 'intə braː]
My daughter …	**Min dotter ...** [min 'dotər ...]
My mother …	**Min mor ...** [min moːr ...]
I've got a …	**Jag har ...** [ja har ...]
headache	**huvudvärk** ['hʉːvʉd'væːrk]
sore throat	**halsont** ['halʲsʊnt]
stomach ache	**värk i magen** [vɛrk i 'maːgən]
toothache	**tandvärk** ['tand‚vɛrk]
I feel dizzy.	**Jag känner mig yr.** [ja 'ɕɛnər mɛj yːr]
He has a fever.	**Han har feber.** [han har 'febər]
She has a fever.	**Hon har feber.** [hon har 'febər]
I can't breathe.	**Jag kan inte andas.** [ja kan 'intə 'andas]
I'm short of breath.	**Jag har andnöd.** [ja har 'andnød]
I am asthmatic.	**Jag är astmatiker.** [ja ær ast'matiker]
I am diabetic.	**Jag är diabetiker.** [ja ær dia'betikər]

I can't sleep.

food poisoning

Jag kan inte sova.
[ja kan 'intə 'soːva]

matförgiftning
['maːtfø:'jiftniŋ]

It hurts here.

Help me!

I am here!

We are here!

Get me out of here!

I need a doctor.

I can't move.

I can't move my legs.

Det gör ont här.
[deː jør ont hæːr]

Hjälp mig!
['jɛlʲp mɛj!]

Jag är här!
[ja æːr 'hæːr!]

Vi är här!
[viː æːr hæːr!]

Ta mig härifrån!
[ta mɛj 'hɛrifron!]

Jag behöver en läkare.
[ja be'høvər en 'lʲɛːkarə]

Jag kan inte röra mig.
[ja kan 'intə 'røːra mɛj]

Jag kan inte röra mina ben.
[ja kan 'intə 'røːra 'mina bɛn]

I have a wound.

Is it serious?

My documents are in my pocket.

Calm down!

May I use your phone?

Jag har ett sår.
[ja har et soːr]

Är det allvarligt?
[ɛr dɛ 'alʲva:rligt?]

Mina dokument är i min ficka.
['mina dokʉ'ment æːr i min 'fika]

Lugna ner dig!
['lʲʉnʲa neː dɛj!]

Får jag använda din telefon?
[for ja 'anvɛnda din telʲe'fɔn?]

Call an ambulance!

It's urgent!

It's an emergency!

Please hurry up!

Would you please call a doctor?

Where is the hospital?

Ring efter en ambulans!
['riŋ 'ɛftər en ambʉ'lʲans!]

Det är brådskande!
[deː æːr 'brodskandə!]

Det är ett nödfall!
[deː æːr et 'nødfalʲ!]

Snälla, skynda dig!
['snɛlʲa, 'ɧynda dɛj!]

Vill du vara snäll och ringa en läkare?
[vilʲ dʉː 'vaːra snɛlʲ o 'riŋa en 'lʲɛːkarə?]

Var är sjukhuset?
[var æːr 'ɧʉːkhʉ:set?]

How are you feeling?

Are you all right?

What's happened?

Hur mår du?
[hʉː mor dʉː?]

Är du okej?
[ɛr dʉː ɔ'kej?]

Vad har hänt?
[vad har hɛnt?]

I feel better now.	**Jag mår bättre nu.** [ja mor 'bɛtrə nʉː]
It's OK.	**Det är okej.** [deː ær ɔ'kej]
It's all right.	**Det är okej.** [deː ær ɔ'kej]

At the pharmacy

pharmacy (drugstore)	**apotek** [apʊˈtek]
24-hour pharmacy	**dygnet runt-öppet apotek** [ˈdynˡet rʉnt-ˈøpet apʊˈtek]
Where is the closest pharmacy?	**Var finns närmsta apotek?** [var fins ˈnɛrmsta apʊˈtek?]
Is it open now?	**Är det öppet nu?** [ɛr dɛ ˈøpet nʉ:?]
At what time does it open?	**Vilken tid öppnar det?** [ˈvilˡkən tid ˈøpnar dɛ?]
At what time does it close?	**Vilken tid stänger det?** [ˈvilˡkən tid ˈstɛŋər dɛ?]
Is it far?	**Är det långt?** [ɛr dɛ ˈlˡo:ŋt?]
Can I get there on foot?	**Kan jag ta mig dit till fots?** [kan ja ta mɛj dit tilˡ ˈfɔts?]
Can you show me on the map?	**Kan du visa mig på kartan?** [kan dʉ: ˈvi:sa mɛj pɔ ˈka:ʈan?]
Please give me something for ...	**Snälla ge mig någonting mot ...** [ˈsnɛlˡa je mɛj ˈno:gɔntiŋ mot ...]
a headache	**huvudvärk** [ˈhʉ:vʉdˈvæ:rk]
a cough	**hosta** [ˈhosta]
a cold	**förkylning** [førˈçyˡniŋ]
the flu	**influensan** [inflˡʉˈensan]
a fever	**feber** [ˈfeber]
a stomach ache	**magont** [ˈma:gont]
nausea	**illamående** [ilˡaˈmoendə]
diarrhea	**diarré** [diaˈre:]
constipation	**förstoppning** [føːˈʂtopniŋ]
pain in the back	**ryggont** [ˈrˠgont]

chest pain
bröstsmärtor
['brøst'smɛːţor]

side stitch
mjälthugg
['mjelʲthug]

abdominal pain
magsmärtor
['magsmɛːţor]

pill
piller, tablett
['pilʲer, tab'lʲet]

ointment, cream
salva
['salʲva]

syrup
drickbar medicin
['drikbar medi'siːn]

spray
sprej
[sprɛj]

drops
droppar
['dropar]

You need to go to the hospital.
Du måste åka till sjukhuset.
[dʉ: 'moste 'oːka tilʲ 'ɧʉːkhʉset]

health insurance
sjukförsäkring
['ɧʉːkfø:'ʂɛkriŋ]

prescription
recept
[re'sɛpt]

insect repellant
insektsmedel
['insekts'medəlʲ]

Band Aid
plåster
['plʲostər]

The bare minimum

Excuse me, ...
Ursäkta mig, ...
[ɵ:'ʂɛkta mɛj, ...]

Hello.
Hej
[hɛj]

Thank you.
Tack
[tak]

Good bye.
Hej då
[hɛj do:]

Yes.
Ja
[ja]

No.
Nej
[nɛj]

I don't know.
Jag vet inte.
[ja vet 'intə]

Where? | Where to? | When?
Var? I Vart? I När?
[var? | va:t? | nɛr?]

I need ...
Jag behöver ...
[ja be'høvər ...]

I want ...
Jag vill ...
[ja vilʲ ...]

Do you have ...?
Har du ...?
[har dɵ: ...?]

Is there a ... here?
Finns det ... här?
[fins dɛ ... hæ:r?]

May I ...?
Får jag ... ?
[for ja: ...?]

..., please (polite request)
..., tack
[..., tak]

I'm looking for ...
Jag letar efter ...
[ja ʲⁱetar 'ɛftər ...]

restroom
en toalett
[en tua'lʲet]

ATM
en uttagsautomat
[en ɵ:'ta:gs auto'mat]

pharmacy (drugstore)
ett apotek
[et apɵ'tek]

hospital
ett sjukhus
[et 'ɧɵ:khɵs]

police station
en polisstation
[en po'lis sta'ɧu:n]

subway
tunnelbanan
['tɵnəlʲ 'ba:nan]

taxi	**en taxi** [en 'taksi]
train station	**en tågstation** [en 'toːg staˈɧuːn]

My name is …	**Jag heter ...** [ja 'hetər ...]
What's your name?	**Vad heter du?** [vad 'hetər dʉ:?]
Could you please help me?	**Skulle du kunna hjälpa mig?** ['skʉlˈe dʉ: 'kuna 'jɛlˈpa mɛj?]
I've got a problem.	**Jag har ett problem.** [ja har et prɔ'blˈem]
I don't feel well.	**Jag mår inte bra.** [ja mor 'intə bra:]
Call an ambulance!	**Ring efter en ambulans!** ['riŋ 'ɛftər en ambʉ'lˈans!]
May I make a call?	**Får jag ringa ett samtal?** [for ja 'riŋa et 'saːmtalˈ?]

I'm sorry.	**Jag är ledsen.** [ja ær 'lˈesən]
You're welcome.	**Ingen orsak.** ['iŋen 'uːʂak]

I, me	**Jag, mig** [ja, mɛj]
you (inform.)	**du** [dʉ]
he	**han** [han]
she	**hon** [hon]
they (masc.)	**de:** [deː]
they (fem.)	**de:** [deː]
we	**vi** [viː]
you (pl)	**ni** [ni]
you (sg, form.)	**du, Ni** [dʉ:, niː]

ENTRANCE	**INGÅNG** ['iŋoːŋ]
EXIT	**UTGÅNG** ['ʉtgoːŋ]
OUT OF ORDER	**UR FUNKTION** [ʉ:r fʉnk'ɧuːn]
CLOSED	**STÄNGT** ['stɛŋt]

OPEN	**ÖPPET**
	['øpet]
FOR WOMEN	**FÖR KVINNOR**
	[før 'kvinor]
FOR MEN	**FÖR MÄN**
	[før mɛn]

T&P BOOKS

TOPICAL VOCABULARY

This section contains more than 3,000 of the most important words.
The dictionary will provide invaluable assistance while traveling abroad, because frequently individual words are enough for you to be understood.
The dictionary includes a convenient transcription of each foreign word

T&P Books Publishing

VOCABULARY
CONTENTS

T&P Books Publishing

BASIC CONCEPTS

T&P Books Publishing

1. Pronouns

I, me	jag	['ja:]
you	du	[du:]
he	han	['han]
she	hon	['hʊn]
it	det, den	[dɛ], [dɛn]
we	vi	['vi]
you (to a group)	ni	['ni]
they	de	[de:]

2. Greetings. Salutations

Hello! (fam.)	Hej!	['hɛj]
Hello! (form.)	Hej! Hallå!	['hɛj], [ha'lʲo:]
Good morning!	God morgon!	[ˌgʊd 'mɔrgɔn]
Good afternoon!	God dag!	[ˌgʊd 'dag]
Good evening!	God kväll!	[ˌgʊd 'kvɛlʲ]

to say hello	att hälsa	[at 'hɛlʲsa]
Hi! (hello)	Hej!	['hɛj]
greeting (n)	hälsning (en)	['hɛlʲsniŋ]
to greet (vt)	att hälsa	[at 'hɛlʲsa]
How are you? (form.)	Hur står det till?	[hʉr sto: de 'tilʲ]
How are you? (fam.)	Hur är det?	[hʉr ɛr 'de:]
What's new?	Vad är nytt?	[vad æ:r 'nʏt]

Goodbye! (form.)	Adjö! Hej då!	[a'jø:], [hɛj'do:]
Bye! (fam.)	Hej då!	[hɛj'do:]
See you soon!	Vi ses!	[vi ses]
Farewell!	Adjö! Farväl!	[a'jø:], [far'vɛ:lʲ]
to say goodbye	att säga adjö	[at 'sɛ:ja a'jø:]
So long!	Hej då!	[hɛj'do:]

Thank you!	Tack!	['tak]
Thank you very much!	Tack så mycket!	['tak sɔ 'mʏkə]
You're welcome	Varsågod	['va:ʂo:gʊd]
Don't mention it!	Ingen orsak!	['iŋən 'ʊːʂak]
It was nothing	Ingen orsak!	['iŋən 'ʊːʂak]

Excuse me! (fam.)	Ursäkta, ...	['ʉːˌʂɛkta ...]
Excuse me! (form.)	Ursäkta mig, ...	['ʉːˌʂɛkta mɛj ...]

to excuse (forgive)	att ursäkta	[at 'ʉːˌsɛkta]
to apologize (vi)	att ursäkta sig	[at 'ʉːˌsɛkta sɛj]
My apologies	Jag ber om ursäkt	[ja ber ɔm 'ʉːˌsɛkt]
I'm sorry!	Förlåt!	[fœ'ˈlˌoːt]
to forgive (vt)	att förlåta	[at 'fœːˌlˌoːta]
It's okay! (that's all right)	Det gör inget	[dɛ jør 'iŋet]
please (adv)	snälla	['snɛla]
Don't forget!	Glöm inte!	['glˌøːm 'intə]
Certainly!	Naturligtvis!	[na'tʉrligvis]
Of course not!	Självklart inte!	['ɧɛlˌvklˌaˌt 'intə]
Okay! (I agree)	OK! Jag håller med.	[ɔ'kej] , [ja 'hoːlˌer me]
That's enough!	Det räcker!	[dɛ 'rɛkə]

3. Questions

Who?	Vem?	['vem]
What?	Vad?	['vad]
Where? (at, in)	Var?	['var]
Where (to)?	Vart?	['vaːt]
From where?	Varifrån?	['varifrɔːn]
When?	När?	['næːr]
Why? (What for?)	Varför?	['vaːføːr]
Why? (~ are you crying?)	Varför?	['vaːføːr]
What for?	För vad?	['før vad]
How? (in what way)	Hur?	['hʉːr]
What? (What kind of ...?)	Vilken?	['vilˌkən]
Which?	Vilken?	['vilˌkən]
To whom?	Till vem?	[tilˌ 'vem]
About whom?	Om vem?	[ɔm 'vem]
About what?	Om vad?	[ɔm 'vad]
With whom?	Med vem?	[me 'vem]
How many?	Hur många?	[hʉr 'mɔŋa]
How much?	Hur mycket?	[hʉr 'mʏkə]
Whose?	Vems?	['vɛms]

4. Prepositions

with (accompanied by)	med	['me]
without	utan	['ʉtan]
to (indicating direction)	till	['tilˌ]
about (talking ~ ...)	om	['ɔm]
before (in time)	för, inför	['føːr], ['inføːr]
in front of ...	framför	['framføːr]
under (beneath, below)	under	['undər]

above (over)	över	['ø:vər]
on (atop)	på	[pɔ]
from (off, out of)	från	['frɔn]
of (made from)	av	[av]

in (e.g., ~ ten minutes)	om	['ɔm]
over (across the top of)	över	['ø:vər]

5. Function words. Adverbs. Part 1

Where? (at, in)	Var?	['var]
here (adv)	här	['hæ:r]
there (adv)	där	['dæ:r]

somewhere (to be)	någonstans	['no:gɔn‚stans]
nowhere (not anywhere)	ingenstans	['iŋən‚stans]

by (near, beside)	vid	['vid]
by the window	vid fönstret	[vid 'fœnstrət]

Where (to)?	Vart?	['va:t]
here (e.g., come ~!)	hit	['hit]
there (e.g., to go ~)	dit	['dit]
from here (adv)	härifrån	['hæ:ri‚fro:n]
from there (adv)	därifrån	['dæ:ri‚fro:n]

close (adv)	nära	['næ:ra]
far (adv)	långt	['lʲɔŋt]

near (e.g., ~ Paris)	nära	['næ:ra]
nearby (adv)	i närheten	[i 'næ:r‚hetən]
not far (adv)	inte långt	['intə 'lʲɔŋt]

left (adj)	vänster	['vɛnstər]
on the left	till vänster	[tilʲ 'vɛnstər]
to the left	till vänster	[tilʲ 'vɛnstər]

right (adj)	höger	['hø:gər]
on the right	till höger	[tilʲ 'hø:gər]
to the right	till höger	[tilʲ 'hø:gər]

in front (adv)	framtill	['framtilʲ]
front (as adj)	främre	['frɛmrə]
ahead (the kids ran ~)	framåt	['framo:t]

behind (adv)	bakom, baktill	['bakɔm], ['bak'tilʲ]
from behind	bakifrån	['baki‚fro:n]
back (towards the rear)	tillbaka	[tilʲ'baka]
middle	mitt (en)	['mit]
in the middle	i mitten	[i 'mitən]

at the side	från sidan	[frɔn 'sidan]
everywhere (adv)	överallt	['øːvərˌalʲt]
around (in all directions)	runt omkring	[runt ɔm'kriŋ]

from inside	inifrån	['iniˌfroːn]
somewhere (to go)	någonstans	['noːgɔnˌstans]
straight (directly)	rakt, rakt fram	['rakt], ['rakt fram]
back (e.g., come ~)	tillbaka	[tilʲ'baka]

| from anywhere | från var som helst | [frɔn va sɔm 'hɛlʲst] |
| from somewhere | från någonstans | [frɔn 'noːgɔnˌstans] |

firstly (adv)	för det första	['før de 'fœːʂta]
secondly (adv)	för det andra	['før de 'andra]
thirdly (adv)	för det tredje	['før de 'trɛdjə]

suddenly (adv)	plötsligt	['plʲøtslit]
at first (in the beginning)	i början	[i 'bœrjan]
for the first time	för första gången	['før 'fœːʂta 'gɔŋən]
long before …	långt innan …	['lʲɔŋt 'inan …]
anew (over again)	på nytt	[pɔ 'nʏt]
for good (adv)	för gott	[før 'gɔt]

never (adv)	aldrig	['alʲdrig]
again (adv)	igen	['ijɛn]
now (adv)	nu	['nʉː]
often (adv)	ofta	['ɔfta]
then (adv)	då	['doː]
urgently (quickly)	brådskande	['brɔˌskandə]
usually (adv)	vanligtvis	['vanˌlitvis]

by the way, …	förresten …	[fœː'rɛstən …]
possible (that is ~)	möjligen	['mœjligən]
probably (adv)	sannolikt	[sanʉ'likt]
maybe (adv)	kanske	['kanɧə]
besides …	dessutom …	[des'ʉːtʊm …]
that's why …	därför …	['dæːfør …]
in spite of …	i trots av …	[i 'trɔts av …]
thanks to …	tack vare …	['tak ˌvarə …]

what (pron.)	vad	['vad]
that (conj.)	att	[at]
something	något	['noːgɔt]
anything (something)	något	['noːgɔt]
nothing	ingenting	['iŋəntiŋ]

who (pron.)	vem	['vem]
someone	någon	['noːgɔn]
somebody	någon	['noːgɔn]

| nobody | ingen | ['iŋən] |
| nowhere (a voyage to ~) | ingenstans | ['iŋənˌstans] |

nobody's	ingens	['iŋəns]
somebody's	någons	['noːgɔns]

so (I'm ~ glad)	så	['soː]
also (as well)	också	['ɔksoː]
too (as well)	också	['ɔksoː]

6. Function words. Adverbs. Part 2

Why?	Varför?	['vaːføːr]
for some reason	av någon anledning	[av 'noːgɔn 'anˌlʲedniŋ]
because ...	därför att ...	['dæːføːr at ...]
for some purpose	av någon anledning	[av 'noːgɔn 'anˌlʲedniŋ]

and	och	['ɔ]
or	eller	['ɛlʲer]
but	men	['men]
for (e.g., ~ me)	för, till	['føːr]

too (~ many people)	för, alltför	['føːr], ['alʲtføːr]
only (exclusively)	bara, endast	['bara], ['ɛndast]
exactly (adv)	precis, exakt	[prɛ'sis], [ɛk'sakt]
about (more or less)	cirka	['sirka]

approximately (adv)	ungefär	['uŋəˌfæːr]
approximate (adj)	ungefärlig	['uŋəˌfæːlʲig]
almost (adv)	nästan	['nɛstan]
the rest	rest (en)	['rɛst]

the other (second)	den andra	[dɛn 'andra]
other (different)	andre	['andrə]
each (adj)	var	['var]
any (no matter which)	vilken som helst	['vilʲkən sɔm 'hɛlʲst]
many, much (a lot of)	mycken, mycket	['mʏkən], ['mʏkə]
many people	många	['mɔŋa]
all (everyone)	alla	['alʲa]

in return for ...	i gengäld för ...	[i 'jɛŋɛld ˌføːr ...]
in exchange (adv)	i utbyte	[i 'ʉtˌbytə]
by hand (made)	för hand	[føːr 'hand]
hardly (negative opinion)	knappast	['knapast]

probably (adv)	sannolikt	[sanʊ'likt]
on purpose (intentionally)	med flit, avsiktligt	[me flit], ['avsiktlit]
by accident (adv)	tillfälligtvis	['tilʲfɔlitvis]

very (adv)	mycket	['mʏkə]
for example (adv)	till exempel	[tilʲ ɛk'sɛmpəl]
between	mellan	['mɛlʲan]
among	bland	['blʲand]

| so much (such a lot) | **så mycket** | [sɔ 'mʏkə] |
| especially (adv) | **särskilt** | ['sæːˌɕilᵗ] |

NUMBERS.
MISCELLANEOUS

T&P Books Publishing

0 zero	noll	['nɔlʲ]
1 one	ett	[ɛt]
2 two	två	['tvo:]
3 three	tre	['tre:]
4 four	fyra	['fyra]
5 five	fem	['fem]
6 six	sex	['sɛks]
7 seven	sju	['ɧʉ:]
8 eight	åtta	['ota]
9 nine	nio	['ni:ʊ]
10 ten	tio	['ti:ʊ]
11 eleven	elva	['ɛlʲva]
12 twelve	tolv	['tɔlʲv]
13 thirteen	tretton	['trɛttɔn]
14 fourteen	fjorton	['fjʊ:tɔn]
15 fifteen	femton	['fɛmtɔn]
16 sixteen	sexton	['sɛkstɔn]
17 seventeen	sjutton	['ɧʉ:ttɔn]
18 eighteen	arton	['a:tɔn]
19 nineteen	nitton	['ni:ttɔn]
20 twenty	tjugo	['ɕʉgʊ]
21 twenty-one	tjugoett	['ɕʉgʊ͜ɛt]
22 twenty-two	tjugotvå	['ɕʉgʊ͜tvo:]
23 twenty-three	tjugotre	['ɕʉgʊ͜tre:]
30 thirty	trettio	['trɛttiʊ]
31 thirty-one	trettioett	['trɛttiʊ͜ɛt]
32 thirty-two	trettiotvå	['trɛttiʊ͜tvo:]
33 thirty-three	trettiotre	['trɛttiʊ͜tre:]
40 forty	fyrtio	['fœ:ʈiʊ]
41 forty-one	fyrtioett	['fœ:ʈiʊ͜ɛt]
42 forty-two	fyrtiotvå	['fœ:ʈiʊ͜tvo:]
43 forty-three	fyrtiotre	['fœ:ʈiʊ͜tre:]
50 fifty	femtio	['fɛmtiʊ]
51 fifty-one	femtioett	['fɛmtiʊ͜ɛt]
52 fifty-two	femtiotvå	['fɛmtiʊ͜tvo:]
53 fifty-three	femtiotre	['fɛmtiʊ͜tre:]
60 sixty	sextio	['sɛkstiʊ]

61 sixty-one	**sextioett**	['sɛkstiʊˌɛt]
62 sixty-two	**sextiotvå**	['sɛkstiʊˌtvo:]
63 sixty-three	**sextiotre**	['sɛkstiʊˌtre:]
70 seventy	**sjuttio**	['ɧuttiʊ]
71 seventy-one	**sjuttioett**	['ɧuttiʊˌɛt]
72 seventy-two	**sjuttiotvå**	['ɧuttiʊˌtvo:]
73 seventy-three	**sjuttiotre**	['ɧuttiʊˌtre:]
80 eighty	**åttio**	['ottiʊ]
81 eighty-one	**åttioett**	['ottiʊ'ɛt]
82 eighty-two	**åttiotvå**	['ottiʊˌtvo:]
83 eighty-three	**åttiotre**	['ottiʊˌtre:]
90 ninety	**nittio**	['nittiʊ]
91 ninety-one	**nittioett**	['nittiʊˌɛt]
92 ninety-two	**nittiotvå**	['nittiʊˌtvo:]
93 ninety-three	**nittiotre**	['nittiʊˌtre:]

8. Cardinal numbers. Part 2

100 one hundred	**hundra (ett)**	['hundra]
200 two hundred	**tvåhundra**	['tvo:ˌhundra]
300 three hundred	**trehundra**	['treˌhundra]
400 four hundred	**fyrahundra**	['fyraˌhundra]
500 five hundred	**femhundra**	['femˌhundra]
600 six hundred	**sexhundra**	['sɛksˌhundra]
700 seven hundred	**sjuhundra**	['ɧu:ˌhundra]
800 eight hundred	**åttahundra**	['otaˌhundra]
900 nine hundred	**niohundra**	['niʊˌhundra]
1000 one thousand	**tusen (ett)**	['tu:sən]
2000 two thousand	**tvåtusen**	['tvo:ˌtu:sən]
3000 three thousand	**tretusen**	['tre:ˌtu:sən]
10000 ten thousand	**tiotusen**	['ti:ʊˌtu:sən]
one hundred thousand	**hundratusen**	['hundraˌtu:sən]
million	**miljon (en)**	[mi'ljʊn]
billion	**miljard (en)**	[mi'lja:d]

9. Ordinal numbers

first (adj)	**första**	['fœ:ʂta]
second (adj)	**andra**	['andra]
third (adj)	**tredje**	['trɛdjə]
fourth (adj)	**fjärde**	['fjæ:ɖə]
fifth (adj)	**femte**	['fɛmtə]
sixth (adj)	**sjätte**	['ɧæ:tə]

seventh (adj)	**sjunde**	['ɧundə]
eighth (adj)	**åttonde**	['ottɔndə]
ninth (adj)	**nionde**	['niːˌʊndə]
tenth (adj)	**tionde**	['tiːˌɔndə]

COLOURS. UNITS OF MEASUREMENT

T&P Books Publishing

10. Colors

color	färg (en)	['fæːrj]
shade (tint)	nyans (en)	[ny'ans]
hue	färgton (en)	['fæːrjˌtʊn]
rainbow	regnbåge (en)	['rɛgnˌboːgə]

white (adj)	vit	['viːt]
black (adj)	svart	['svaːʈ]
gray (adj)	grå	['groː]

green (adj)	grön	['grøːn]
yellow (adj)	gul	['gʉːlʲ]
red (adj)	röd	['røːd]
blue (adj)	blå	['blʲoː]
light blue (adj)	ljusblå	['jʉːsˌblʲoː]
pink (adj)	rosa	['rɔsa]
orange (adj)	orange	[ɔ'ranʃ]
violet (adj)	violett	[viʊ'lʲet]
brown (adj)	brun	['brʉːn]

golden (adj)	guld-	['gulʲd-]
silvery (adj)	silver-	['silʲvər-]
beige (adj)	beige	['bɛʃ]
cream (adj)	cremefärgad	['krɛːmˌfæːrjad]
turquoise (adj)	turkos	[tur'koːs]
cherry red (adj)	körsbärsröd	['ɕøːʂbæːʂˌrøːd]
lilac (adj)	lila	['liˌlʲa]
crimson (adj)	karmosinröd	[kar'mosinˌrøːd]

light (adj)	ljus	['jʉːs]
dark (adj)	mörk	['mœːrk]
bright, vivid (adj)	klar	['klʲar]

colored (pencils)	färg-	['fæːrj-]
color (e.g., ~ film)	färg-	['fæːrj-]
black-and-white (adj)	svartvit	['svaːʈˌvit]
plain (one-colored)	enfärgad	['ɛnˌfæːrjad]
multicolored (adj)	mångfärgad	['mɔŋˌfæːrjad]

11. Units of measurement

weight	vikt (en)	['vikt]
length	längd (en)	[lʲɛŋd]

width	bredd (en)	['brɛd]
height	höjd (en)	['hœjd]
depth	djup (ett)	['jɥːp]
volume	volym (en)	[vɔ'lʲym]
area	yta, areal (en)	['yta], [are'alʲ]
gram	gram (ett)	['gram]
milligram	milligram (ett)	['mili‚gram]
kilogram	kilogram (ett)	[ɕilʲo'gram]
ton	ton (en)	['tʊn]
pound	skålpund (ett)	['skoːlʲ‚pund]
ounce	uns (ett)	['uns]
meter	meter (en)	['metər]
millimeter	millimeter (en)	['mili‚metər]
centimeter	centimeter (en)	[sɛnti'metər]
kilometer	kilometer (en)	[ɕilʲo'metər]
mile	mil (en)	['milʲ]
inch	tum (en)	['tum]
foot	fot (en)	['fʊt]
yard	yard (en)	['jaːɖ]
square meter	kvadratmeter (en)	[kva'drat‚metər]
hectare	hektar (ett)	[hɛk'tar]
liter	liter (en)	['litər]
degree	grad (en)	['grad]
volt	volt (en)	['vɔlʲt]
ampere	ampere (en)	[am'pɛr]
horsepower	hästkraft (en)	['hɛst‚kraft]
quantity	mängd, kvantitet (en)	['mɛnt], [kwanti'tet]
a little bit of …	få …, inte många …	['foː …], ['intə 'mɔŋa …]
half	hälft (en)	['hɛlʲft]
dozen	dussin (ett)	['dusin]
piece (item)	stycke (ett)	['stʏkə]
size	storlek (en)	['stʊːlʲek]
scale (map ~)	skala (en)	['skalʲa]
minimal (adj)	minimal	[mini'malʲ]
the smallest (adj)	minst	['minst]
medium (adj)	medel	['medəlʲ]
maximal (adj)	maximal	[maksi'malʲ]
the largest (adj)	störst	['støːʂt]

12. Containers

| canning jar (glass ~) | glasburk (en) | ['glʲas‚burk] |
| can | burk (en) | ['burk] |

bucket	hink (en)	['hiŋk]
barrel	tunna (en)	['tuna]
wash basin (e.g., plastic ~)	tvättfat (ett)	['tvæt̩fat]
tank (100L water ~)	tank (en)	['taŋk]
hip flask	plunta, fickflaska (en)	['plʉnta], ['fikˌflʲaska]
jerrycan	dunk (en)	['duːŋk]
tank (e.g., tank car)	tank (en)	['taŋk]
mug	mugg (en)	['mug]
cup (of coffee, etc.)	kopp (en)	['kop]
saucer	tefat (ett)	['teˌfat]
glass (tumbler)	glas (ett)	['glʲas]
wine glass	vinglas (ett)	['vinˌglʲas]
stock pot (soup pot)	kastrull, gryta (en)	[ka'strulʲ], ['gryta]
bottle (~ of wine)	flaska (en)	['flʲaska]
neck (of the bottle, etc.)	flaskhals (en)	['flʲaskˌhalʲs]
carafe (decanter)	karaff (en)	[ka'raf]
pitcher	kanna (en) med handtag	['kana me 'hanˌtag]
vessel (container)	behållare (en)	[be'hoːlʲarə]
pot (crock, stoneware ~)	kruka (en)	['krʉka]
vase	vas (en)	['vas]
bottle (perfume ~)	flakong (en)	[flʲa'kɔŋ]
vial, small bottle	flaska (en)	['flʲaska]
tube (of toothpaste)	tub (en)	['tʉːb]
sack (bag)	säck (en)	['sɛk]
bag (paper ~, plastic ~)	påse (en)	['poːsə]
pack (of cigarettes, etc.)	paket (ett)	[pa'ket]
box (e.g., shoebox)	ask (en)	['ask]
crate	låda (en)	['lʲoːda]
basket	korg (en)	['kɔrj]

BOOKS

MAIN VERBS

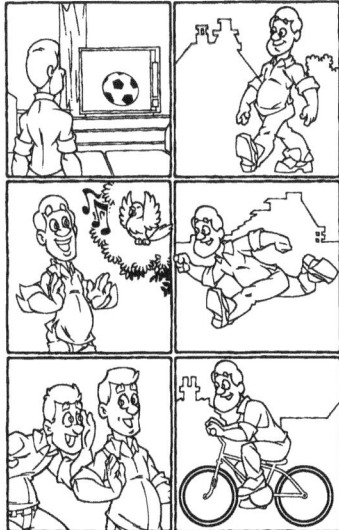

T&P Books Publishing

to advise (vt)	att råda	[at 'ro:da]
to agree (say yes)	att samtycka	[at 'sam‚tʏka]
to answer (vi, vt)	att svara	[at 'svara]
to apologize (vi)	att ursäkta sig	[at 'ʉːˌsɛkta sɛj]
to arrive (vi)	att ankomma	[at 'aŋˌkɔma]
to ask (~ oneself)	att fråga	[at 'fro:ga]
to ask (~ sb to do sth)	att be	[at 'be:]
to be (vi)	att vara	[at 'vara]
to be afraid	att frukta	[at 'frʉkta]
to be hungry	att vara hungrig	[at 'vara 'huŋrig]
to be interested in …	att intressera sig	[at intrɛ'sera sɛj]
to be needed	att vara behövd	[at 'vara be'høːvd]
to be surprised	att bli förvånad	[at bli før'vo:nad]
to be thirsty	att vara törstig	[at 'vara 'tøːʂtig]
to begin (vt)	att begynna	[at be'jina]
to belong to …	att tillhöra …	[at 'tilˡˌhøːra …]
to boast (vi)	att skryta	[at 'skryta]
to break (split into pieces)	att bryta	[at 'bryta]
to call (~ for help)	att tillkalla	[at 'tilˡˌkalˡa]
can (v aux)	att kunna	[at 'kuna]
to catch (vt)	att fånga	[at 'fɔŋa]
to change (vt)	att ändra	[at 'ɛndra]
to choose (select)	att välja	[at 'vɛlja]
to come down (the stairs)	att gå ned	[at 'go: ˌned]
to compare (vt)	att jämföra	[at 'jɛmˌføra]
to complain (vi, vt)	att klaga	[at 'klˡaga]
to confuse (mix up)	att förväxla	[at før'vɛkslˡa]
to continue (vt)	att fortsätta	[at 'fʊtˌsæta]
to control (vt)	att kontrollera	[at kɔntrɔ'lˡera]
to cook (dinner)	att laga	[at 'lˡaga]
to cost (vt)	att kosta	[at 'kɔsta]
to count (add up)	att räkna	[at 'rɛkna]
to count on …	att räkna med …	[at 'rɛkna me …]
to create (vt)	att skapa	[at 'skapa]
to cry (weep)	att gråta	[at 'gro:ta]

14. The most important verbs. Part 2

to deceive (vi, vt)	att fuska	[at 'fʉska]
to decorate (tree, street)	att pryda	[at 'pryda]
to defend (a country, etc.)	att försvara	[at fœ:'ʂvara]
to demand (request firmly)	att kräva	[at 'krɛ:va]
to dig (vt)	att gräva	[at 'grɛ:va]

to discuss (vt)	att diskutera	[at diskʉ'tera]
to do (vt)	att göra	[at 'jø:ra]
to doubt (have doubts)	att tvivla	[at 'tvivlʲa]
to drop (let fall)	att tappa	[at 'tapa]
to enter (room, house, etc.)	att komma in	[at 'kɔma 'in]

to excuse (forgive)	att ursäkta	[at 'ʉːˌsɛkta]
to exist (vi)	att existera	[at ɛksi'stera]
to expect (foresee)	att förutse	[at 'førʉtˌsə]

to explain (vt)	att förklara	[at før'klʲara]
to fall (vi)	att falla	[at 'falʲa]

to find (vt)	att finna	[at 'fina]
to finish (vt)	att sluta	[at 'slʉːta]
to fly (vi)	att flyga	[at 'flʲyga]

to follow ... (come after)	att följa efter ...	[at 'følja 'ɛftər ...]
to forget (vi, vt)	att glömma	[at 'glʲœma]

to forgive (vt)	att förlåta	[at 'fœːˌlʲoːta]
to give (vt)	att ge	[at je:]

to give a hint	att ge en vink	[at je: en 'viŋk]
to go (on foot)	att gå	[at 'goː]

to go for a swim	att bada	[at 'bada]
to go out (for dinner, etc.)	att gå ut	[at 'go: ʉt]
to guess (the answer)	att gissa	[at 'jisa]

to have (vt)	att ha	[at 'ha]
to have breakfast	att äta frukost	[at 'ɛːta 'frʉːkɔst]
to have dinner	att äta kvällsmat	[at 'ɛːta 'kvɛlʲsˌmat]

to have lunch	att äta lunch	[at 'ɛːta ˌlʉnɕ]
to hear (vt)	att höra	[at 'hø:ra]

to help (vt)	att hjälpa	[at 'jɛlʲpa]
to hide (vt)	att gömma	[at 'jœma]
to hope (vi, vt)	att hoppas	[at 'hɔpas]
to hunt (vi, vt)	att jaga	[at 'jaga]
to hurry (vi)	att skynda sig	[at 'ɧʏnda sɛj]

15. The most important verbs. Part 3

to inform (vt)	att informera	[at infor'mera]
to insist (vi, vt)	att insistera	[at insi'stera]
to insult (vt)	att förolämpa	[at 'førʊˌlʲɛmpa]
to invite (vt)	att inbjuda, att invitera	[at in'bjʉːda], [at invi'tera]
to joke (vi)	att skämta, att skoja	[at 'ʃɛmta], [at 'skɔja]

to keep (vt)	att behålla	[at be'hoːlʲa]
to keep silent	att tiga	[at 'tiga]
to kill (vt)	att döda, att mörda	[at 'døːda], [at 'møːɖa]
to know (sb)	att känna	[at 'ɕɛna]
to know (sth)	att veta	[at 'veta]
to laugh (vi)	att skratta	[at 'skrata]

to liberate (city, etc.)	att befria	[at be'fria]
to like (I like ...)	att gilla	[at 'jilʲa]
to look for ... (search)	att söka ...	[at 'søːka ...]
to love (sb)	att älska	[at 'ɛlʲska]
to make a mistake	att göra fel	[at 'jøːra ˌfelʲ]
to manage, to run	att styra, att leda	[at 'styra], [at 'lʲeda]
to mean (signify)	att betyda	[at be'tyda]
to mention (talk about)	att omnämna	[at 'ɔmˌnɛmna]
to miss (school, etc.)	att missa	[at 'misa]
to notice (see)	att märka	[at 'mæːrka]

to object (vi, vt)	att invända	[at 'inˌvɛnda]
to observe (see)	att observera	[at ɔbsɛr'vera]
to open (vt)	att öppna	[at 'øpna]
to order (meal, etc.)	att beställa	[at be'stɛlʲa]
to order (mil.)	att beordra	[at be'oːɖra]
to own (possess)	att besitta, att äga	[at be'sita], [at 'ɛːga]
to participate (vi)	att delta	[at 'dɛlʲta]
to pay (vi, vt)	att betala	[at be'talʲa]
to permit (vt)	att tillåta	[at 'tilʲoːta]
to plan (vt)	att planera	[at plʲa'nera]
to play (children)	att leka	[at 'lʲeka]

to pray (vi, vt)	att be	[at 'beː]
to prefer (vt)	att föredra	[at 'førədra]
to promise (vt)	att lova	[at 'lʲova]
to pronounce (vt)	att uttala	[at 'ʉtˌtalʲa]
to propose (vt)	att föreslå	[at 'førəˌslʲoː]
to punish (vt)	att straffa	[at 'strafa]

16. The most important verbs. Part 4

| to read (vi, vt) | att läsa | [at 'lʲɛːsa] |
| to recommend (vt) | att rekommendera | [at rekɔmən'dera] |

to refuse (vi, vt)	att vägra	[at 'vɛgra]
to regret (be sorry)	att beklaga	[at be'klʲaga]
to rent (sth from sb)	att hyra	[at 'hyra]

to repeat (say again)	att upprepa	[at 'uprepa]
to reserve, to book	att reservera	[at resɛr'vera]
to run (vi)	att löpa, att springa	[at 'lʲø:pa], [at 'spriŋa]
to save (rescue)	att rädda	[at 'rɛda]
to say (~ thank you)	att säga	[at 'sɛ:ja]

to scold (vt)	att skälla	[at 'ɦɛlʲa]
to see (vt)	att se	[at 'se:]
to sell (vt)	att sälja	[at 'sɛlja]
to send (vt)	att skicka	[at 'ɦika]
to shoot (vi)	att skjuta	[at 'ɦʉ:ta]

to shout (vi)	att skrika	[at 'skrika]
to show (vt)	att visa	[at 'visa]
to sign (document)	att underteckna	[at 'undəˌtɛkna]
to sit down (vi)	att sätta sig	[at 'sæta sɛj]

to smile (vi)	att småle	[at 'smo:lʲe]
to speak (vi, vt)	att tala	[at 'talʲa]
to steal (money, etc.)	att stjäla	[at 'ɦɛ:lʲa]
to stop (for pause, etc.)	att stanna	[at 'stana]
to stop (please ~ calling me)	att sluta	[at 'slʉ:ta]

to study (vt)	att studera	[at stu'dera]
to swim (vi)	att simma	[at 'sima]
to take (vt)	att ta	[at ta]
to think (vi, vt)	att tänka	[at 'tɛŋka]
to threaten (vt)	att hota	[at 'hʊta]

to touch (with hands)	att röra	[at 'rø:ra]
to translate (vt)	att översätta	[at 'ø:vəˌsæta]
to trust (vt)	att lita på	[at 'lita pɔ]
to try (attempt)	att pröva	[at 'prø:va]
to turn (e.g., ~ left)	att svänga	[at 'svɛŋa]

to underestimate (vt)	att underskatta	[at 'undəˌskata]
to understand (vt)	att förstå	[at fœ:'ʂtɔ:]
to unite (vt)	att förena	[at 'førena]
to wait (vt)	att vänta	[at 'vɛnta]

to want (wish, desire)	att vilja	[at 'vilja]
to warn (vt)	att varna	[at 'va:ŋa]
to work (vi)	att arbeta	[at 'arˌbeta]
to write (vt)	att skriva	[at 'skriva]
to write down	att skriva ner	[at 'skriva ner]

T&P BOOKS

TIME. CALENDAR

T&P Books Publishing

17. Weekdays

Monday	måndag (en)	['mɔn‚dag]
Tuesday	tisdag (en)	['tis‚dag]
Wednesday	onsdag (en)	['ʊns‚dag]
Thursday	torsdag (en)	['tʊːʂ‚dag]
Friday	fredag (en)	['fre‚dag]
Saturday	lördag (en)	['lʲøːɖag]
Sunday	söndag (en)	['sœn‚dag]

today (adv)	i dag	[i 'dag]
tomorrow (adv)	i morgon	[i 'mɔrgɔn]
the day after tomorrow	i övermorgon	[i 'øːvə‚mɔrgɔn]
yesterday (adv)	i går	[i 'goːr]
the day before yesterday	i förrgår	[i 'fœːr‚goːr]

day	dag (en)	['dag]
working day	arbetsdag (en)	['arbets‚dag]
public holiday	helgdag (en)	['hɛlj‚dag]
day off	ledig dag (en)	['lʲedig ‚dag]
weekend	helg, veckohelg (en)	[hɛlj], ['vɛkɔ‚hɛlj]

all day long	hela dagen	['helʲa 'dagən]
the next day (adv)	nästa dag	['nɛsta ‚dag]
two days ago	för två dagar sedan	[før ‚tvoː 'dagar 'sedan]
the day before	dagen innan	['dagən 'inan]
daily (adj)	daglig	['daglig]
every day (adv)	varje dag	['varjə dag]

week	vecka (en)	['vɛka]
last week (adv)	förra veckan	['fœːra 'vɛkan]
next week (adv)	i nästa vecka	[i 'nɛsta 'vɛka]
weekly (adj)	vecko-	['vɛkɔ-]
every week (adv)	varje vecka	['varjə 'vɛka]
twice a week	två gångar i veckan	[tvoː 'goŋar i 'vɛkan]
every Tuesday	varje tisdag	['varjə ‚tisdag]

18. Hours. Day and night

morning	morgon (en)	['mɔrgɔn]
in the morning	på morgonen	[pɔ 'mɔrgɔnən]
noon, midday	middag (en)	['mid‚dag]
in the afternoon	på eftermiddagen	[pɔ 'ɛfte‚midagən]
evening	kväll (en)	[kvɛlʲ]

in the evening	på kvällen	['pɔ 'kvɛlʲen]
night	natt (en)	['nat]
at night	om natten	[ɔm 'natən]
midnight	midnatt (en)	['mid.nat]

second	sekund (en)	[se'kund]
minute	minut (en)	[mi'nʉ:t]
hour	timme (en)	['timə]
half an hour	halvtimme (en)	['halʲv.timə]
a quarter-hour	kvart (en)	['kva:t]
fifteen minutes	femton minuter	['fɛmton mi'nʉ:tər]
24 hours	dygn (ett)	['dʏgn]

sunrise	soluppgång (en)	['sʊlʲ .up'gɔŋ]
dawn	gryning (en)	['gryniŋ]
early morning	tidig morgon (en)	['tidig 'mɔrgɔn]
sunset	solnedgång (en)	['sʊlʲ 'ned.gɔŋ]

early in the morning	tidigt på morgonen	['tidit pɔ 'mɔrgɔnən]
this morning	i morse	[i 'mɔ:ʂə]
tomorrow morning	i morgon bitti	[i 'mɔrgon 'biti]

this afternoon	i eftermiddag	[i 'ɛftə.midag]
in the afternoon	på eftermiddagen	[pɔ 'ɛftə.midagən]
tomorrow afternoon	i morgon eftermiddag	[i 'mɔrgon 'ɛftə.midag]

| tonight (this evening) | i kväll | [i 'kvɛlʲ] |
| tomorrow night | i morgon kväll | [i 'mɔrgon 'kvɛlʲ] |

at 3 o'clock sharp	precis klockan tre	[prɛ'sis 'klʲɔkan tre:]
about 4 o'clock	vid fyratiden	[vid 'fyra.tidən]
by 12 o'clock	vid klockan tolv	[vid 'klʲɔkan 'tɔlʲv]

in 20 minutes	om tjugo minuter	[ɔm 'ɕʉgɔ mi'nʉ:tər]
in an hour	om en timme	[ɔm en 'timə]
on time (adv)	i tid	[i 'tid]

a quarter of ...	kvart i ...	['kva:ʈ i ...]
within an hour	inom en timme	['inɔm en 'timə]
every 15 minutes	varje kvart	['varjə kva:t]
round the clock	dygnet runt	['dʏgnet .runt]

19. Months. Seasons

January	januari	['janu.ari]
February	februari	[fɛbrʉ'ari]
March	mars	['ma:ʂ]
April	april	[a'prilʲ]
May	maj	['maj]
June	juni	['ju:ni]

July	juli	['ju:li]
August	augusti	[auˈgusti]
September	september	[sɛpˈtɛmbər]
October	oktober	[ɔkˈtubər]
November	november	[nɔˈvɛmbər]
December	december	[deˈsɛmbər]

spring	vår (en)	['vo:r]
in spring	på våren	[pɔ 'vo:rən]
spring (as adj)	vår-	['vo:r-]

summer	sommar (en)	['sɔmar]
in summer	på sommaren	[pɔ 'sɔmarən]
summer (as adj)	sommar-	['sɔmar-]

fall	höst (en)	['høst]
in fall	på hösten	[pɔ 'høstən]
fall (as adj)	höst-	['høst-]

winter	vinter (en)	['vintər]
in winter	på vintern	[pɔ 'vintərn]
winter (as adj)	vinter-	['vintər-]

month	månad (en)	['mo:nad]
this month	den här månaden	[dɛn hæ:r 'mo:nadən]
next month	nästa månad	['nɛsta 'mo:nad]
last month	förra månaden	['fœːra 'mo:nadən]

a month ago	för en månad sedan	['før en 'mo:nad 'sedan]
in a month (a month later)	om en månad	[ɔm en 'mo:nad]
in 2 months (2 months later)	om två månader	[ɔm tvo: 'mo:nadər]
the whole month	en hel månad	[en helʲ 'mo:nad]
all month long	hela månaden	['helʲa 'mo:nadən]

monthly (~ magazine)	månatlig	[mo'natlig]
monthly (adv)	månatligen	[mo'natligən]
every month	varje månad	['varjə ˌmo:nad]
twice a month	två gånger i månaden	[tvo: 'gɔŋər i 'mo:nadən]

year	år (ett)	['o:r]
this year	i år	[i 'o:r]
next year	nästa år	['nɛsta ˌo:r]
last year	i fjol, förra året	[i 'fjʊlʲ], ['fœːra 'o:ret]

a year ago	för ett år sedan	['før et 'o:r 'sedan]
in a year	om ett år	[ɔm et 'o:r]
in two years	om två år	[ɔm tvo 'o:r]
the whole year	ett helt år	[ɛt helʲt 'o:r]
all year long	hela året	['helʲa 'o:ret]
every year	varje år	['varjə 'o:r]
annual (adj)	årlig	['o:lʲig]

annually (adv)	**årligen**	['oː[igən]
4 times a year	**fyra gånger om året**	['fyra 'gɔŋər ɔm 'oːret]
date (e.g., today's ~)	**datum (ett)**	['datum]
date (e.g., ~ of birth)	**datum (ett)**	['datum]
calendar	**almanacka (en)**	['alˈmanaka]
half a year	**halvår (ett)**	['halʲvˌoːr]
six months	**halvår (ett)**	['halʲvˌoːr]
season (summer, etc.)	**årstid (en)**	['oːşˌtid]
century	**sekel (ett)**	['sekəlʲ]

TRAVEL. HOTEL

T&P Books Publishing

tourism, travel	**turism (en)**	[tu'rism]
tourist	**turist (en)**	[tu'rist]
trip, voyage	**resa (en)**	['resa]
adventure	**äventyr (ett)**	['ε:vεn,tyr]
trip, journey	**tripp (en)**	['trip]
vacation	**semester (en)**	[se'mεstər]
to be on vacation	**att ha semester**	[at ha se'mεstər]
rest	**uppehåll (ett), vila (en)**	['upə'ho:lʲ], ['vilʲa]
train	**tåg (ett)**	['to:g]
by train	**med tåg**	[me 'to:g]
airplane	**flygplan (ett)**	['flʲygplʲan]
by airplane	**med flygplan**	[me 'flʲygplʲan]
by car	**med bil**	[me 'bilʲ]
by ship	**med båt**	[me 'bo:t]
luggage	**bagage (ett)**	[ba'ga:ʃ]
suitcase	**resväska (en)**	['rεs,vεska]
luggage cart	**bagagevagn (en)**	[ba'ga:ʃ ,vagn]
passport	**pass (ett)**	['pas]
visa	**visum (ett)**	['vi:sum]
ticket	**biljett (en)**	[bi'lʲet]
air ticket	**flygbiljett (en)**	['flʲyg bi,lʲet]
guidebook	**reseguidebok (en)**	['rese,gajdbʊk]
map (tourist ~)	**karta (en)**	['ka:ʈa]
area (rural ~)	**område (ett)**	['ɔm,ro:də]
place, site	**plats (en)**	['plʲats]
exotica (n)	**(det) exotiska**	[ε'ksɔtiska]
exotic (adj)	**exotisk**	[εk'sɔtisk]
amazing (adj)	**förunderlig**	[fø'rundelig]
group	**grupp (en)**	['grup]
excursion, sightseeing tour	**utflykt (en)**	['ʉt,flʲykt]
guide (person)	**guide (en)**	['gajd]

hotel	**hotell (ett)**	[hʊ'tεlʲ]
motel	**motell (ett)**	[mʊ'tεlʲ]

three-star (~ hotel)	**trestjärnigt**	['tre͵ɦæːɳit]
five-star	**femstjärnigt**	[fɛm͵ɦæːɳit]
to stay (in a hotel, etc.)	**att bo**	[at 'bʊː]
room	**rum (ett)**	['ruːm]
single room	**enkelrum (ett)**	['ɛŋkəlʲ͵ruːm]
double room	**dubbelrum (ett)**	['dubəlʲ͵ruːm]
to book a room	**att boka rum**	[at 'bʊka 'ruːm]
half board	**halvpension (en)**	['halʲv͵pan'fʊn]
full board	**helpension (en)**	['helʲ͵pan'fʊn]
with bath	**med badkar**	[me 'bad͵kar]
with shower	**med dusch**	[me 'duʃ]
satellite television	**satellit-TV (en)**	[satɕ'liːt 'teve]
air-conditioner	**luftkonditionerare (en)**	['lʉft͵kɔndiɦʊ'nerarə]
towel	**handduk (en)**	['hand͵dʉːk]
key	**nyckel (en)**	['nʏkəlʲ]
administrator	**administratör (en)**	[administra'tør]
chambermaid	**städerska (en)**	['stɛːdɛʂka]
porter, bellboy	**bärare (en)**	['bæːrarə]
doorman	**portier (en)**	[pɔːˈʈeː]
restaurant	**restaurang (en)**	[rɛstɔ'raŋ]
pub, bar	**bar (en)**	['bar]
breakfast	**frukost (en)**	['frʉːkɔst]
dinner	**kvällsmat (en)**	['kvɛlʲs͵mat]
buffet	**buffet (en)**	[bu'fet]
lobby	**lobby (en)**	['lʲɔbi]
elevator	**hiss (en)**	['his]
DO NOT DISTURB	**STÖR EJ!**	['støːr ɛj]
NO SMOKING	**RÖKNING FÖRBJUDEN**	['rœkniŋ før'bjʉːdən]

22. Sightseeing

monument	**monument (ett)**	[mɔnu'mɛnt]
fortress	**fästning (en)**	['fɛstniŋ]
palace	**palats (ett)**	[pa'lʲats]
castle	**borg (en)**	['bɔrj]
tower	**torn (ett)**	['tʊːɳ]
mausoleum	**mausoleum (ett)**	[maʊsʊ'lʲeum]
architecture	**arkitektur (en)**	[arkitɛk'tʉːr]
medieval (adj)	**medeltida**	['medəlʲ͵tida]
ancient (adj)	**gammal**	['gamalʲ]
national (adj)	**nationell**	[natɦʊ'nɛlʲ]
famous (monument, etc.)	**berömd**	[be'rœmd]

tourist	**turist (en)**	[tu'rist]
guide (person)	**guide (en)**	['gajd]
excursion, sightseeing tour	**utflykt (en)**	['ʉtˌflʲykt]
to show (vt)	**att visa**	[at 'visa]
to tell (vt)	**att berätta**	[at be'rætа]

to find (vt)	**att hitta**	[at 'hita]
to get lost (lose one's way)	**att gå vilse**	[at 'goː 'vilʲsə]
map (e.g., subway ~)	**karta (en)**	['kaːʈa]
map (e.g., city ~)	**karta (en)**	['kaːʈa]

souvenir, gift	**souvenir (en)**	[suvɛ'niːr]
gift shop	**souvenirbutik (en)**	[suvɛ'niːr bu'tik]
to take pictures	**att fotografera**	[at fʊtʊgra'fera]
to have one's picture taken	**att bli fotograferad**	[at bli fʊtʊgra'ferad]

BOOKS

TRANSPORTATION

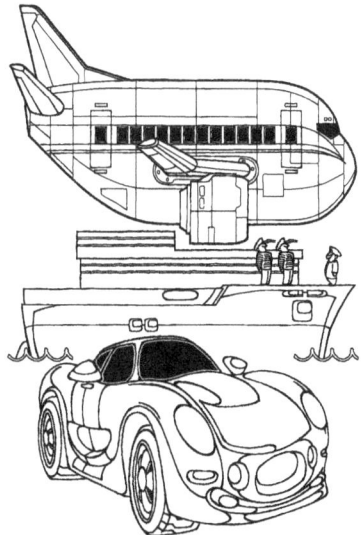

T&P Books Publishing

airport	**flygplats (en)**	['flˡyg,plˡats]
airplane	**flygplan (ett)**	['flˡygplˡan]
airline	**flygbolag (ett)**	['flˡyg,bʊlˡag]
air traffic controller	**flygledare (en)**	['flˡyg,lˡedarə]
departure	**avgång (en)**	['av,gɔŋ]
arrival	**ankomst (en)**	['aŋ,kɔmst]
to arrive (by plane)	**att ankomma**	[at 'aŋ,kɔma]
departure time	**avgångstid (en)**	['avgɔŋs,tid]
arrival time	**ankomsttid (en)**	['aŋkɔmst,tid]
to be delayed	**att bli försenad**	[at bli fœ:'ʂɛnad]
flight delay	**avgångsförsening (en)**	['avgɔŋs,fœ:'ʂɛniŋ]
information board	**informationstavla (en)**	[infɔrma'ɧʊns,tavlˡa]
information	**information (en)**	[infɔrma'ɧʊn]
to announce (vt)	**att meddela**	[at 'me,delˡa]
flight (e.g., next ~)	**flyg (ett)**	['flˡyg]
customs	**tull (en)**	['tulˡ]
customs officer	**tulltjänsteman (en)**	['tulˡ 'ɕɛnstə,man]
customs declaration	**tulldeklaration (en)**	['tulˡ,dɛklˡara'ɧʊn]
to fill out (vt)	**att fylla i**	[at 'fylˡa 'i]
to fill out the declaration	**att fylla i en tulldeklaration**	[at 'fylˡa i en 'tulˡ,dɛklˡara'ɧʊn]
passport control	**passkontroll (en)**	['paskɔn,trolˡ]
luggage	**bagage (ett)**	[ba'ga:ʃ]
hand luggage	**handbagage (ett)**	['hand ba,ga:ʃ]
luggage cart	**bagagevagn (en)**	[ba'ga:ʃ ,vagn]
landing	**landning (en)**	['lˡandniŋ]
landing strip	**landningsbana (en)**	['lˡandniŋs,bana]
to land (vi)	**att landa**	[at 'lˡanda]
airstairs	**trappa (en)**	['trapa]
check-in	**incheckning (en)**	['in,ɕɛkniŋ]
check-in counter	**incheckningsdisk (en)**	['in,ɕɛkniŋs 'disk]
to check-in (vi)	**att checka in**	[at 'ɕɛka in]
boarding pass	**boardingkort (ett)**	['bɔ:dɪŋ,kɔ:t]
departure gate	**gate (en)**	['gejt]
transit	**transit (en)**	['transit]

to wait (vt)	att vänta	[at 'vɛnta]
departure lounge	väntsal (en)	['vɛntˌsalʲ]
to see off	att vinka av	[at 'viŋka av]
to say goodbye	att säga adjö	[at 'sɛːja a'jøː]

24. Airplane

airplane	flygplan (ett)	['flʲygplʲan]
air ticket	flygbiljett (en)	['flʲyg biˌlʲet]
airline	flygbolag (ett)	['flʲygˌbulʲag]
airport	flygplats (en)	['flʲygˌplʲats]
supersonic (adj)	överljuds-	['øːvərˌjʉːds-]
captain	kapten (en)	[kap'ten]
crew	besättning (en)	[be'sætniŋ]
pilot	pilot (en)	[pi'lʲʊt]
flight attendant (fem.)	flygvärdinna (en)	['flʲygˌvæːdina]
navigator	styrman (en)	['styrˌman]
wings	vingar (pl)	['viŋar]
tail	stjärtfena (en)	['ɧæːt feːna]
cockpit	cockpit, förarkabin (en)	['kɔkpit], ['føːrarˌka'bin]
engine	motor (en)	['mʊtʊr]
undercarriage (landing gear)	landningsställ (ett)	['landniŋsˌstɛlʲ]
turbine	turbin (en)	[tur'bin]
propeller	propeller (en)	[prʊ'pɛlʲər]
black box	svart låda (en)	['svaːʈ 'lʲoːda]
yoke (control column)	styrspak (ett)	['styːˌspak]
fuel	bränsle (ett)	['brɛnslʲe]
safety card	säkerhetsinstruktion (en)	['sɛːkərhets instruk'ɧun]
oxygen mask	syremask (en)	['syreˌmask]
uniform	uniform (en)	[uni'fɔrm]
life vest	räddningsväst (en)	['rɛdniŋˌvɛst]
parachute	fallskärm (en)	['falʲˌɧæːrm]
takeoff	start (en)	['staːʈ]
to take off (vi)	att lyfta	[at 'lʲyfta]
runway	startbana (en)	['staːʈˌbaːna]
visibility	siktbarhet (en)	['siktbarˌhet]
flight (act of flying)	flygning (en)	['flʲygniŋ]
altitude	höjd (en)	['hœjd]
air pocket	luftgrop (en)	['lʉftˌgrʊp]
seat	plats (en)	['plʲats]
headphones	hörlurar (pl)	['hœːˌlʲʉːrar]
folding tray (tray table)	utfällbart bord (ett)	['ʉtfɛlʲˌbart 'bʊːɖ]

| airplane window | fönster (ett) | ['fœnstər] |
| aisle | mittgång (en) | ['mit‚gɔŋ] |

25. Train

train	tåg (ett)	['to:g]
commuter train	lokaltåg, pendeltåg (ett)	[lʲɔ'kalʲ‚to:g], ['pendəl‚to:g],
express train	expresståg (ett)	[ɛks'prɛs‚to:g]
diesel locomotive	diesellokomotiv (ett)	['disəlʲ lʲɔkɔmɔ'tiv]
steam locomotive	ånglokomotiv (en)	['ɔŋ‚lʲɔkɔmɔ'tiv]

| passenger car | vagn (en) | ['vagn] |
| dining car | restaurangvagn (en) | [rɛstɔ'raŋ‚vagn] |

rails	räls, rälsar (pl)	['rɛlʲs], ['rɛlʲsar]
railroad	järnväg (en)	['jæ:n‚vɛ:g]
railway tie	sliper (en)	['slipər]

platform (railway ~)	perrong (en)	[pɛ'rɔŋ]
track (~ 1, 2, etc.)	spår (ett)	['spo:r]
semaphore	semafor (en)	[sema'fɔr]
station	station (en)	[sta'ɧʊn]

engineer (train driver)	lokförare (en)	['lʲʊk‚fø:rarə]
porter (of luggage)	bärare (en)	['bæ:rarə]
car attendant	tågvärd (en)	['to:g‚væ:d]
passenger	passagerare (en)	[pasa'ɧerarə]
conductor (ticket inspector)	kontrollant (en)	[kɔntrɔ'lʲant]

| corridor (in train) | korridor (en) | [kɔri'dɔ:r] |
| emergency brake | nödbroms (en) | ['nø:d‚brɔms] |

compartment	kupé (en)	[kʉ'pe:]
berth	slaf, säng (en)	['slaf], ['sɛŋ]
upper berth	överslaf (en)	['øvə‚slaf]
lower berth	underslaf (en)	['undə‚slaf]
bed linen, bedding	sängkläder (pl)	['sɛŋ‚klʲɛ:dər]

ticket	biljett (en)	[bi'lʲet]
schedule	tidtabell (en)	['tid ta'bɛlʲ]
information display	informationstavla (en)	[infɔrma'ɧʊns‚tavlʲa]

to leave, to depart	att avgå	[at 'av‚go:]
departure (of train)	avgång (en)	['av‚gɔŋ]
to arrive (ab. train)	att ankomma	[at 'an‚kɔma]
arrival	ankomst (en)	['an‚kɔmst]

| to arrive by train | att ankomma med tåget | [at 'an‚kɔma me 'to:gət] |
| to get on the train | att stiga på tåget | [at 'stiga pɔ 'to:gət] |

to get off the train	att stiga av tåget	[at 'stiga av 'to:gət]
train wreck	tågolycka (en)	['to:g ʊ:'lɨyka]
to derail (vi)	att spåra ur	[at 'spo:ra ɵ:r]
steam locomotive	ånglokomotiv (en)	['ɔŋˌlˠɔkɔmɔ'tiv]
stoker, fireman	eldare (en)	['ɛlˠdarə]
firebox	eldstad (en)	['ɛlˠdˌstad]
coal	kol (ett)	['kɔlˠ]

26. Ship

ship	skepp (ett)	['ʃɛp]
vessel	fartyg (ett)	['fa:ˌtyg]
steamship	ångbåt (en)	['ɔŋˌbo:t]
riverboat	flodbåt (en)	['flˠʊdˌbo:t]
cruise ship	kryssningfartyg (ett)	['krysniŋˌfa:'tyg]
cruiser	kryssare (en)	['krʏsarə]
yacht	jakt (en)	['jakt]
tugboat	bogserbåt (en)	['bʊksɛ:rˌbo:t]
barge	pråm (en)	['pro:m]
ferry	färja (en)	['fæ:rja]
sailing ship	segelbåt (en)	['segəlˠˌbo:t]
brigantine	brigantin (en)	[brigan'tin]
ice breaker	isbrytare (en)	['isˌbrytarə]
submarine	ubåt (en)	[ɵ:'bo:t]
boat (flat-bottomed ~)	båt (en)	['bo:t]
dinghy	jolle (en)	['jɔlˠə]
lifeboat	livbåt (en)	['livˌbo:t]
motorboat	motorbåt (en)	['mʊtʊrˌbo:t]
captain	kapten (en)	[kap'ten]
seaman	matros (en)	[ma'trʊs]
sailor	sjöman (en)	['ʃø:ˌman]
crew	besättning (en)	[be'sætniŋ]
boatswain	båtsman (en)	['botsman]
ship's boy	jungman (en)	['jɵŋˌman]
cook	kock (en)	['kɔk]
ship's doctor	skeppsläkare (en)	['ʃɛpˌlˠɛ:karə]
deck	däck (ett)	['dɛk]
mast	mast (en)	['mast]
sail	segel (ett)	['segəlˠ]
hold	lastrum (ett)	['lˠastˌru:m]
bow (prow)	bog (en)	['bʊg]

stern	akter (en)	['aktər]
oar	åra (en)	['oːra]
screw propeller	propeller (en)	[prʊ'pɛlʲər]

cabin	hytt (en)	['hʏt]
wardroom	officersmäss (en)	[ɔfi'seːrsˌmɛs]
engine room	maskinrum (ett)	[ma'ɧiːnˌruːm]
bridge	kommandobrygga (en)	[kɔm'andʊˌbrʏga]
radio room	radiohytt (en)	['radiʊˌhʏt]
wave (radio)	våg (en)	['voːg]
logbook	loggbok (en)	['lʲɔgˌbʊk]

spyglass	tubkikare (en)	['tʉbˌçikarə]
bell	klocka (en)	['klʲɔka]
flag	flagga (en)	['flʲaga]

| hawser (mooring ~) | tross (en) | ['trɔs] |
| knot (bowline, etc.) | knop, knut (en) | ['knʊp], ['knʉt] |

| deckrails | räcken (pl) | ['rɛkən] |
| gangway | landgång (en) | ['lʲandˌgɔŋ] |

anchor	ankar (ett)	['aŋkar]
to weigh anchor	att lätta ankar	[at 'lʲæta 'aŋkar]
to drop anchor	att kasta ankar	[at 'kasta 'aŋkar]
anchor chain	ankarkätting (en)	['aŋkarˌçætiŋ]

port (harbor)	hamn (en)	['hamn]
quay, wharf	kaj (en)	['kaj]
to berth (moor)	att förtöja	[at fœː'tœːja]
to cast off	att kasta loss	[at 'kasta 'lʲɔs]

trip, voyage	resa (en)	['resa]
cruise (sea trip)	kryssning (en)	['krʏsniŋ]
course (route)	kurs (en)	['kuːʂ]
route (itinerary)	rutt (en)	['rut]

| fairway | farled, segelled (en) | ['faːlʲed], ['segəlˌled] |
| (safe water channel) | | |

| shallows | grund (ett) | ['grʉnd] |
| to run aground | att gå på grund | [at 'goː pɔ 'grʉnd] |

storm	storm (en)	['stɔrm]
signal	signal (en)	[sig'nalʲ]
to sink (vi)	att sjunka	[at 'ɧuŋka]
Man overboard!	Man överbord!	['man 'øːvəˌbʊːd]
SOS (distress signal)	SOS	[ɛso'ɛs]
ring buoy	livboj (en)	['livˌbɔj]

CITY

T&P Books Publishing

27. Urban transportation

bus	buss (en)	['bus]
streetcar	spårvagn (en)	['spoːrˌvagn]
trolley bus	trådbuss (en)	['troːdˌbus]
route (of bus, etc.)	rutt (en)	['rut]
number (e.g., bus ~)	nummer (ett)	['numər]

to go by ...	att åka med ...	[at 'oːka me ...]
to get on (~ the bus)	att stiga på ...	[at 'stiga pɔ ...]
to get off ...	att stiga av ...	[at 'stiga 'av ...]

stop (e.g., bus ~)	hållplats (en)	['hoːlʲˌplats]
next stop	nästa hållplats (en)	['nɛsta 'hɔːlʲˌplats]
terminus	slutstation (en)	['slɵtˌsta'ɧʊn]
schedule	tidtabell (en)	['tid ta'bɛlʲ]
to wait (vt)	att vänta	[at 'vɛnta]

ticket	biljett (en)	[bi'lʲet]
fare	biljettpris (ett)	[bi'lʲetˌpris]

cashier (ticket seller)	kassör (en)	[ka'søːr]
ticket inspection	biljettkontroll (en)	[bi'lʲet kɔn'trolʲ]
ticket inspector	kontrollant (en)	[kɔntrɔ'lʲant]

to be late (for ...)	att komma för sent	[at 'kɔma før 'sɛnt]
to miss (~ the train, etc.)	att komma för sent till ...	[at 'kɔma før 'sɛnt tilʲ ...]
to be in a hurry	att skynda sig	[at 'ɧynda sɛj]

taxi, cab	taxi (en)	['taksi]
taxi driver	taxichaufför (en)	['taksi ɧɔ'føːr]
by taxi	med taxi	[me 'taksi]
taxi stand	taxihållplats (en)	['taksi 'hoːlʲˌplʲats]
to call a taxi	att ringa efter taxi	[at 'riŋa ˌɛftə 'taksi]
to take a taxi	att ta en taxi	[at ta en 'taksi]

traffic	trafik (en)	[tra'fik]
traffic jam	trafikstopp (ett)	[tra'fikˌstɔp]
rush hour	rusningstid (en)	['rusniŋsˌtid]
to park (vi)	att parkera	[at par'kera]
to park (vt)	att parkera	[at par'kera]
parking lot	parkeringsplats (en)	[par'keriŋsˌplʲats]

subway	tunnelbana (en)	['tunəlʲˌbana]
station	station (en)	[sta'ɧʊn]
to take the subway	att ta tunnelbanan	[at ta 'tunəlʲˌbanan]

| train | tåg (ett) | ['to:g] |
| train station | tågstation (en) | ['to:g͜sta'ɧʊn] |

28. City. Life in the city

city, town	stad (en)	['stad]
capital city	huvudstad (en)	['hʉːvʉd͜stad]
village	by (en)	['by]

city map	stadskarta (en)	['stads͜kaː͜ta]
downtown	centrum (ett)	['sɛntrum]
suburb	förort (en)	['førˌʊːt]
suburban (adj)	förorts-	['førˌʊːts-]

outskirts	utkant (en)	['ʉt͜kant]
environs (suburbs)	omgivningar (pl)	['ɔmˌjiːvniŋar]
city block	kvarter (ett)	[kvaː'ʈər]
residential block (area)	bostadskvarter (ett)	['bʊstads͜kvaː'ʈər]

traffic	trafik (en)	[tra'fik]
traffic lights	trafikljus (ett)	[tra'fikˌjuːs]
public transportation	offentlig transport (en)	[ɔ'fɛntli trans'pɔː͜t]
intersection	korsning (en)	['kɔːʂniŋ]

crosswalk	övergångsställe (ett)	['øːvərgɔŋsˌstɛlˡe]
pedestrian underpass	gångtunnel (en)	['gɔŋˌtunəlˡ]
to cross (~ the street)	att gå över	[at 'goː 'øːvər]
pedestrian	fotgängare (en)	['fʊtˌjenarə]
sidewalk	trottoar (en)	[trɔtʊ'ar]

bridge	bro (en)	['brʊ]
embankment (river walk)	kaj (en)	['kaj]
fountain	fontän (en)	[fɔn'tɛn]

allée (garden walkway)	allé (en)	[a'lˡeː]
park	park (en)	['park]
boulevard	boulevard (en)	[bʊlˡe'vaː͜d]
square	torg (ett)	['tɔrj]
avenue (wide street)	aveny (en)	[ave'ny]
street	gata (en)	['gata]
side street	sidogata (en)	['sidʊˌgata]
dead end	återvändsgränd (en)	['oːtərvɛnsˌgrɛnd]

house	hus (ett)	['hʉs]
building	byggnad (en)	['bʏgnad]
skyscraper	skyskrapa (en)	['ɧyˌskrapa]

facade	fasad (en)	[fa'sad]
roof	tak (ett)	['tak]
window	fönster (ett)	['fœnstər]

arch	båge (en)	['bo:gə]
column	kolonn (en)	[kʊ'lʲɔn]
corner	knut (en)	['knʉt]

store window	skyltfönster (ett)	['ɧylʲt ˌfœnstər]
signboard (store sign, etc.)	skylt (en)	['ɧylʲt]
poster	affisch (en)	[a'fi:ʃ]
advertising poster	reklamplakat (ett)	[rɛ'klʲam ˌplʲa'kat]
billboard	reklamskylt (en)	[rɛ'klʲam ˌɧylʲt]

garbage, trash	sopor, avfall (ett)	['sʊpʊr], ['avfalʲ]
trashcan (public ~)	soptunna (en)	['sʊp ˌtuna]
to litter (vi)	att skräpa ner	[at 'skrɛ:pa ner]
garbage dump	soptipp (en)	['sʊp ˌtip]

phone booth	telefonkiosk (en)	[telʲe'fɔn ˌɕøsk]
lamppost	lyktstolpe (en)	['lʲyk ˌstɔlʲpə]
bench (park ~)	bänk (ett)	['bɛŋk]

police officer	polis (en)	[pʊ'lis]
police	polis (en)	[pʊ'lis]
beggar	tiggare (en)	['tigarə]
homeless (n)	hemlös (ett)	['hɛmlʲø:s]

29. Urban institutions

store	affär, butik (en)	[a'fæ:r], [bu'tik]
drugstore, pharmacy	apotek (ett)	[apʊ'tek]
eyeglass store	optiker (en)	['ɔptikər]
shopping mall	köpcenter (ett)	['ɕø:p ˌsɛntɛr]
supermarket	snabbköp (ett)	['snab ˌɕø:p]

bakery	bageri (ett)	[bage'ri:]
baker	bagare (en)	['bagarə]
pastry shop	konditori (ett)	[kɔnditʊ'ri:]
grocery store	speceriaffär (en)	[spese'ri a'fæ:r]
butcher shop	slaktare butik (en)	['slʲaktarə bu'tik]

produce store	grönsakshandel (en)	['grø:nsaks ˌhandəlʲ]
market	marknad (en)	['marknad]

coffee house	kafé (ett)	[ka'fe:]
restaurant	restaurang (en)	[rɛstɔ'raŋ]
pub, bar	pub (en)	['pub]
pizzeria	pizzeria (en)	[pitse'ria]

hair salon	frisersalong (en)	['frisər ʂaˌlʲɔŋ]
post office	post (en)	['pɔst]
dry cleaners	kemtvätt (en)	['ɕemtvæt]
photo studio	fotoateljé (en)	['fʊtʊ ateˌlje:]

shoe store	skoaffär (en)	['skuːaˌfæːr]
bookstore	bokhandel (en)	['bʊkˌhandəlʲ]
sporting goods store	sportaffär (en)	['spɔːʈ aˈfæːr]
clothes repair shop	klädreparationer (en)	['klʲɛd 'reparaˌɧʊnər]
formal wear rental	kläduthyrning (en)	['klʲɛd ɵˈtyːɳiŋ]
video rental store	filmuthyrning (en)	['filʲm ɵˈtyːɳiŋ]
circus	cirkus (en)	['sirkɵs]
zoo	zoo (ett)	['suː]
movie theater	biograf (en)	[biʊˈgraf]
museum	museum (ett)	[mɵˈseum]
library	bibliotek (ett)	[bibliʊˈtek]
theater	teater (en)	[teˈatər]
opera (opera house)	opera (en)	['ʊpera]
nightclub	nattklubb (en)	['natˌklɵb]
casino	kasino (ett)	[kaˈsinʊ]
mosque	moské (en)	[mʊsˈkeː]
synagogue	synagoga (en)	['synaˌgoga]
cathedral	katedral (en)	[katɕˈdralʲ]
temple	tempel (ett)	['tɛmpəlʲ]
church	kyrka (en)	['ɕyrka]
college	institut (ett)	[instiˈtɵt]
university	universitet (ett)	[univɛɕiˈtet]
school	skola (en)	['skʊlʲa]
prefecture	prefektur (en)	[prefɛkˈtɵːr]
city hall	rådhus (en)	['rɔdˌhɵs]
hotel	hotell (ett)	[hʊˈtɛlʲ]
bank	bank (en)	['baŋk]
embassy	ambassad (en)	[ambaˈsad]
travel agency	resebyrå (en)	['resebyˌrɔː]
information office	informationsbyrå (en)	[informaˈɧʊns byˌrɔː]
currency exchange	växelkontor (ett)	['vɛksəlʲ kɔnˈtʊr]
subway	tunnelbana (en)	['tunəlʲˌbana]
hospital	sjukhus (ett)	['ɧɵːkˌhɵs]
gas station	bensinstation (en)	[bɛnˈsinˌstaˈɧʊn]
parking lot	parkeringsplats (en)	[parˈkeriŋsˌplʲats]

30. Signs

signboard (store sign, etc.)	skylt (en)	['ɧylʲt]
notice (door sign, etc.)	inskrift (en)	['inˌskrift]
poster	poster, löpsedel (en)	['pɔstər], ['løpˌsedəlʲ]

direction sign	vägvisare (en)	['vɛ:g,visarə]
arrow (sign)	pil (en)	['pilʲ]
caution	varning (en)	['va:nɪŋ]
warning sign	varningsskylt (en)	['va:nɪŋs ,ɦylʲt]
to warn (vt)	att varna	[at 'va:ɳa]
rest day (weekly ~)	fridag (en)	['fri,dag]
timetable (schedule)	tidtabell (en)	['tid ta'bɛlʲ]
opening hours	öppettider (pl)	['øpet,ti:dər]
WELCOME!	VÄLKOMMEN!	['vɛlʲ,kɔmən]
ENTRANCE	INGÅNG	['in,gɔŋ]
EXIT	UTGÅNG	['ʉt,gɔŋ]
PUSH	TRYCK	['trʏk]
PULL	DRAG	['drag]
OPEN	ÖPPET	['øpet]
CLOSED	STÄNGT	['stɛŋt]
WOMEN	DAMER	['damər]
MEN	HERRAR	['hɛ'rar]
DISCOUNTS	RABATT	[ra'bat]
SALE	REA	['rea]
NEW!	NYHET!	['nyhet]
FREE	GRATIS	['gratis]
ATTENTION!	OBS!	['ɔbs]
NO VACANCIES	FUIIBOKAT	['fulʲ,bʉkat]
RESERVED	RESERVERAT	[resɛr'verat]
ADMINISTRATION	ADMINISTRATION	[administra'ɧun]
STAFF ONLY	ENDAST PERSONAL	['ɛndast pɛʂʉ'nalʲ]
BEWARE OF THE DOG!	VARNING FÖR HUNDEN	['va:ɳɪŋ før 'hundən]
NO SMOKING	RÖKNING FÖRBJUDEN	['rœknɪŋ før'bjʉ:dən]
DO NOT TOUCH!	FÅR EJ VIDRÖRAS!	['fo:r ej 'vidrø:ras]
DANGEROUS	FARLIG	['fa:lʲig]
DANGER	FARA	['fara]
HIGH VOLTAGE	HÖGSPÄNNING	['hø:g,spɛnɪŋ]
NO SWIMMING!	BADNING FÖRBJUDEN	['badnɪŋ før'bjʉ:dən]
OUT OF ORDER	UR FUNKTION	['ʉr fuŋk'ɧun]
FLAMMABLE	BRANDFARLIG	['brand,fa:lʲig]
FORBIDDEN	FÖRBJUD	[før'bjʉ:d]
NO TRESPASSING!	TIIITRÄDE FÖRBJUDET	['tilʲtrɛ:də før'bjʉ:det]
WET PAINT	NYMÅLAT	['ny,mo:lʲat]

31. Shopping

to buy (purchase)	**att köpa**	[at 'ɕøːpa]
purchase	**inköp (ett)**	['inˌɕøːp]
to go shopping	**att shoppa**	[at 'ʃɔpa]
shopping	**shopping (en)**	['ʃɔpiŋ]
to be open (ab. store)	**att vara öppen**	[at 'vara 'øpən]
to be closed	**att vara stängd**	[at 'vara stɛŋd]
footwear, shoes	**skodon** (pl)	['skʊdʊn]
clothes, clothing	**kläder** (pl)	['klʲɛːdər]
cosmetics	**kosmetika (en)**	[kɔs'mɛtika]
food products	**matvaror** (pl)	['matˌvarʊr]
gift, present	**gåva, present (en)**	['goːva], [pre'sɛnt]
salesman	**försäljare (en)**	[fœːˈʂɛljarə]
saleswoman	**försäljare (en)**	[fœːˈʂɛljarə]
check out, cash desk	**kassa (en)**	['kasa]
mirror	**spegel (en)**	['spegəlʲ]
counter (store ~)	**disk (en)**	['disk]
fitting room	**provrum (ett)**	['prʊvˌruːm]
to try on	**att prova**	[at 'prʊva]
to fit (ab. dress, etc.)	**att passa**	[at 'pasa]
to like (I like …)	**att gilla**	[at 'jilʲa]
price	**pris (ett)**	['pris]
price tag	**prislapp (en)**	['prisˌlʲap]
to cost (vt)	**att kosta**	[at 'kɔsta]
How much?	**Hur mycket?**	[hʉr 'mʏkə]
discount	**rabatt (en)**	[ra'bat]
inexpensive (adj)	**billig**	['bilig]
cheap (adj)	**billig**	['bilig]
expensive (adj)	**dyr**	['dyr]
It's expensive	**Det är dyrt**	[dɛ æːr 'dyːt]
rental (n)	**uthyrning (en)**	['ʉtˌhyŋiŋ]
to rent (~ a tuxedo)	**att hyra**	[at 'hyra]
credit (trade credit)	**kredit (en)**	[kre'dit]
on credit (adv)	**på kredit**	[pɔ kre'dit]

T&P BOOKS

CLOTHING & ACCESSORIES

T&P Books Publishing

32. Outerwear. Coats

clothes	kläder (pl)	['klʲɛ:dər]
outerwear	ytterkläder	['ytə‚klʲɛ:dər]
winter clothing	vinterkläder (pl)	['vintə‚klʲɛ:dər]

coat (overcoat)	rock, kappa (en)	['rɔk], ['kapa]
fur coat	päls (en)	['pɛlʲs]
fur jacket	pälsjacka (en)	['pɛlʲs‚jaka]
down coat	dunjacka (en)	['dʉ:n‚jaka]

jacket (e.g., leather ~)	jacka (en)	['jaka]
raincoat (trenchcoat, etc.)	regnrock (en)	['rɛgn‚rɔk]
waterproof (adj)	vattentät	['vatən‚tɛt]

33. Men's & women's clothing

shirt (button shirt)	skjorta (en)	['ʃu:ʈa]
pants	byxor (pl)	['byksʊr]
jeans	jeans (en)	['jins]
suit jacket	kavaj (en)	[ka'vaj]
suit	kostym (en)	[kɔs'tym]

dress (frock)	klänning (en)	['klʲɛniŋ]
skirt	kjol (en)	['ɕø:lʲ]
blouse	blus (en)	['blʉ:s]
knitted jacket (cardigan, etc.)	stickad tröja (en)	['stikad 'trøja]
jacket (of woman's suit)	dräktjacka, kavaj (en)	['drɛkt 'jaka], ['kavaj]

T-shirt	T-shirt (en)	['ti:‚ʃɔ:ʈ]
shorts (short trousers)	shorts (en)	['ʃɔ:ʈs]
tracksuit	träningsoverall (en)	['trɛ:niŋs ɔve'rɔ:lʲ]
bathrobe	morgonrock (en)	['mɔrgɔn‚rɔk]
pajamas	pyjamas (en)	[py'jamas]

| sweater | sweater, tröja (en) | ['svitər], ['trøja] |
| pullover | pullover (en) | [pu'lʲɔ:vər] |

vest	väst (en)	['vɛst]
tailcoat	frack (en)	['frak]
tuxedo	smoking (en)	['smɔkiŋ]
uniform	uniform (en)	[uni'fɔrm]
workwear	arbetskläder (pl)	['arbets‚klʲɛ:dər]

| overalls | overall (en) | ['ɔvɛˌrɔːlʲ] |
| coat (e.g., doctor's smock) | rock (en) | ['rɔk] |

34. Clothing. Underwear

underwear	underkläder (pl)	['undəˌklʲɛːdər]
boxers, briefs	underbyxor (pl)	['undəˌbyksʊr]
panties	trosor (pl)	['trʊsʊr]
undershirt (A-shirt)	undertröja (en)	['undəˌtrøja]
socks	sockor (pl)	['sɔkʊr]

nightgown	nattlinne (ett)	['natˌlinə]
bra	behå (en)	[be'hɔː]
knee highs	knästrumpor (pl)	['knɛːˌstrumpʊr]
(knee-high socks)		
pantyhose	strumpbyxor (pl)	['strumpˌbyksʊr]
stockings (thigh highs)	strumpor (pl)	['strumpʊr]
bathing suit	baddräkt (en)	['badˌdrɛkt]

35. Headwear

hat	hatt (en)	['hat]
fedora	hatt (en)	['hat]
baseball cap	baseballkeps (en)	['bejsbolʲ keps]
flatcap	keps (en)	['keps]

beret	basker (en)	['baskər]
hood	luva, kapuschong (en)	['lʉːva], [kapʉ'fɔːŋ]
panama hat	panamahatt (en)	['panamaˌhat]
knit cap (knitted hat)	luva (en)	['lʉːva]

| headscarf | sjalett (en) | [ʃa'lʲet] |
| women's hat | hatt (en) | ['hat] |

hard hat	hjälm (en)	['jɛlʲm]
garrison cap	båtmössa (en)	['bɔtˌmœsa]
helmet	hjälm (en)	['jɛlʲm]

| derby | plommonstop (ett) | ['plʲʊmɔnˌstʊp] |
| top hat | hög hatt, cylinder (en) | ['høːg ˌhat], [sy'lindər] |

36. Footwear

footwear	skodon (pl)	['skʊdʊn]
shoes (men's shoes)	skor (pl)	['skʊr]
shoes (women's shoes)	damskor (pl)	['damˌskʊr]

| boots (e.g., cowboy ~) | stövlar (pl) | ['støvlʲar] |
| slippers | tofflor (pl) | ['tɔflʲʊr] |

tennis shoes (e.g., Nike ~)	tennisskor (pl)	['tɛnisˌskʊr]
sneakers	canvas skor (pl)	['kanvas ˌskʊr]
(e.g., Converse ~)		
sandals	sandaler (pl)	[san'dalʲer]

cobbler (shoe repairer)	skomakare (en)	['skʊˌmakarə]
heel	klack (en)	['klʲak]
pair (of shoes)	par (ett)	['par]

| shoestring | skosnöre (ett) | ['skʊˌsnø:rə] |
| to lace (vt) | att snöra | [at 'snø:ra] |

| shoehorn | skohorn (ett) | ['skʊˌhʊ:ɳ] |
| shoe polish | skokräm (en) | ['skʊˌkrɛm] |

37. Personal accessories

gloves	handskar (pl)	['hanskar]
mittens	vantar (pl)	['vantar]
scarf (muffler)	halsduk (en)	['halʲsˌdɵ:k]

glasses (eyeglasses)	glasögon (pl)	['glʲas̩ˌø:gɔn]
frame (eyeglass ~)	båge (en)	['bo:gə]
umbrella	paraply (ett)	[para'plʲy]
walking stick	käpp (en)	['ɕɛp]

| hairbrush | hårborste (en) | ['ho:rˌbo:ʂtə] |
| fan | solfjäder (en) | ['sʊlʲˌfjɛ:dər] |

| tie (necktie) | slips (en) | ['slips] |
| bow tie | fluga (en) | ['flɵ:ga] |

| suspenders | hängslen (pl) | ['hɛŋslʲən] |
| handkerchief | näsduk (en) | ['nɛsˌdɵk] |

| comb | kam (en) | ['kam] |
| barrette | hårklämma (ett) | ['ho:rˌklʲɛma] |

| hairpin | hårnål (en) | ['ho:ˌɳo:lʲ] |
| buckle | spänne (ett) | ['spɛnə] |

| belt | bälte (ett) | ['bɛlʲtə] |
| shoulder strap | rem (en) | ['rem] |

bag (handbag)	väska (en)	['vɛska]
purse	damväska (en)	['damˌvɛska]
backpack	ryggsäck (en)	['rʏgˌsɛk]

38. Clothing. Miscellaneous

fashion	mode (ett)	['mʊdə]
in vogue (adj)	modern	[mʊ'dɛːn̩]
fashion designer	modedesigner (en)	['mʊdə de'sajnər]
collar	krage (en)	['kragə]
pocket	ficka (en)	['fika]
pocket (as adj)	fick-	['fik-]
sleeve	ärm (en)	['æːrm]
hanging loop	hängband (ett)	['hɛŋ band]
fly (on trousers)	gylf (en)	['gylʲf]
zipper (fastener)	blixtlås (ett)	['blikstˌlʲoːs]
fastener	knäppning (en)	['knɛpniŋ]
button	knapp (en)	['knap]
buttonhole	knapphål (ett)	['knapˌhoːlʲ]
to come off (ab. button)	att lossna	[at 'lʲɔsna]
to sew (vi, vt)	att sy	[at sy]
to embroider (vi, vt)	att brodera	[at brʊ'dera]
embroidery	broderi (ett)	[brʊde'riː]
sewing needle	synål (en)	['syˌnoːlʲ]
thread	tråd (en)	['troːd]
seam	söm (en)	['søːm]
to get dirty (vi)	att smutsa ned sig	[at 'smutsa ned sɛj]
stain (mark, spot)	fläck (en)	['flʲɛk]
to crease, crumple (vi)	att bli skrynklig	[at bli 'skrʏŋklig]
to tear, to rip (vt)	att riva	[at 'riva]
clothes moth	mal (en)	['malʲ]

39. Personal care. Cosmetics

toothpaste	tandkräm (en)	['tandˌkrɛm]
toothbrush	tandborste (en)	['tandˌbɔːʂtə]
to brush one's teeth	att borsta tänderna	[at 'bɔːʂta 'tɛndɛːɳa]
razor	hyvel (en)	['hyvəlʲ]
shaving cream	rakkräm (en)	['rakˌkrɛm]
to shave (vi)	att raka sig	[at 'raka sɛj]
soap	tvål (en)	['tvoːlʲ]
shampoo	schampo (ett)	['ɧamˌpʊ]
scissors	sax (en)	['saks]
nail file	nagelfil (en)	['nagəlʲˌfilʲ]
nail clippers	nageltång (en)	['nagəlʲˌtɔŋ]
tweezers	pincett (en)	[pin'sɛt]

cosmetics	kosmetika (en)	[kɔs'mɛtika]
face mask	ansiktsmask (en)	[an'sikts͵mask]
manicure	manikyr (en)	[mani'kyr]
to have a manicure	att få manikyr	[at fo: mani'kyr]
pedicure	pedikyr (en)	[pedi'kyr]

make-up bag	kosmetikväska (en)	[kɔsmɛ'tik͵vɛska]
face powder	puder (ett)	['pʉ:dər]
powder compact	puderdosa (en)	['pʉ:dɛ͵do:sa]
blusher	rouge (ett)	['ru:ʃ]

perfume (bottled)	parfym (en)	[par'fym]
toilet water (lotion)	eau de toilette (en)	['ɔ:detua͵lʲet]
lotion	rakvatten (ett)	['rak͵vatən]
cologne	eau de cologne (en)	['ɔ:dekɔ͵lʲɔŋʲ]

eyeshadow	ögonskugga (en)	['ø:gɔn͵skuga]
eyeliner	ögonpenna (en)	['ø:gɔn͵pɛna]
mascara	mascara (en)	[ma'skara]

lipstick	läppstift (ett)	['lʲɛp͵stift]
nail polish, enamel	nagellack (ett)	['nagelʲ͵lʲak]
hair spray	hårspray (en)	['ho:r͵sprɛj]
deodorant	deodorant (en)	[deʉdʉ'rant]

cream	kräm (en)	['krɛm]
face cream	ansiktskräm (en)	[an'sikts͵krɛm]
hand cream	handkräm (en)	['hand͵krɛm]
anti-wrinkle cream	anti-rynkor kräm (en)	['anti͵rvŋkʉr 'krɛm]
day cream	dagkräm (en)	['dag͵krɛm]
night cream	nattkräm (en)	['nat͵krɛm]
day (as adj)	dag-	['dag-]
night (as adj)	natt-	['nat-]

tampon	tampong (en)	[tam'pɔŋ]
toilet paper (toilet roll)	toalettpapper (ett)	[tʉa'lʲet͵papər]
hair dryer	hårtork (en)	['ho:͵tʉrk]

40. Watches. Clocks

watch (wristwatch)	armbandsur (ett)	['armbands͵ʉ:r]
dial	urtavla (en)	['ʉ:͵tavlʲa]
hand (of clock, watch)	visare (en)	['visarə]
metal watch band	armband (ett)	['arm͵band]
watch strap	armband (ett)	['arm͵band]

battery	batteri (ett)	[batɛ'ri:]
to be dead (battery)	att bli urladdad	[at bli 'ʉ:͵lʲadad]
to change a battery	att byta batteri	[at 'byta batɛ'ri:]
to run fast	att gå för fort	[at 'go: før 'fo:t]

to run slow	**att gå för långsamt**	[at 'goː før 'lʲɔŋˌsamt]
wall clock	**väggklocka (en)**	['vɛgˌklʲɔka]
hourglass	**sandklocka (en)**	['sandˌklʲɔka]
sundial	**solklocka (en)**	['sʊlʲˌklʲɔka]
alarm clock	**väckarklocka (en)**	['vɛkarˌklʲɔka]
watchmaker	**urmakare (en)**	['ʉrˌmakarə]
to repair (vt)	**att reparera**	[at repa'rera]

T&p BOOKS

EVERYDAY EXPERIENCE

T&P Books Publishing

money	pengar (pl)	['pɛŋar]
currency exchange	växling (en)	['vɛksliŋ]
exchange rate	kurs (en)	['kuːʂ]
ATM	bankomat (en)	[baŋkʊ'mat]
coin	mynt (ett)	['mʏnt]

| dollar | dollar (en) | ['dɔlʲar] |
| euro | euro (en) | ['ɛvrɔ] |

lira	lire (en)	['lirə]
Deutschmark	mark (en)	['mark]
franc	franc (en)	['fran]
pound sterling	pund sterling (ett)	['puŋ stɛr'liŋ]
yen	yen (en)	['jɛn]

debt	skuld (en)	['skʉlʲd]
debtor	gäldenär (en)	[jɛlʲdɛ'næːr]
to lend (money)	att låna ut	[at 'lʲoːna ʉt]
to borrow (vi, vt)	att låna	[at 'lʲoːna]

bank	bank (en)	['baŋk]
account	konto (ett)	['kɔntʊ]
to deposit (vt)	att sätta in	[at 'sæta in]
to deposit into the account	att sätta in på kontot	[at 'sæta in pɔ 'kɔntʊt]
to withdraw (vt)	att ta ut från kontot	[at ta ʉt frɔn 'kɔntʊt]

credit card	kreditkort (ett)	[kre'dit͟kɔːt]
cash	kontanter (pl)	[kɔn'tantər]
check	check (en)	['ɕɛk]
to write a check	att skriva en check	[at 'skriva en 'ɕɛk]
checkbook	checkbok (en)	['ɕɛk͟bʊk]

wallet	plånbok (en)	['plʲoːn͟bʊk]
change purse	börs (en)	['bøːʂ]
safe	säkerhetsskåp (ett)	['sɛːkərhets͟skoːp]

heir	arvinge (en)	['arviŋə]
inheritance	arv (ett)	['arv]
fortune (wealth)	förmögenhet (en)	[før'møgən͟het]

lease	hyra (en)	['hyra]
rent (money)	hyra (en)	['hyra]
to rent (sth from sb)	att hyra	[at 'hyra]
price	pris (ett)	['pris]

| cost | kostnad (en) | ['kɔstnad] |
| sum | summa (en) | ['suma] |

to spend (vt)	att lägga ut	[at 'lɛga ʉt]
expenses	utgifter (pl)	['ʉtˌjiftər]
to economize (vi, vt)	att spara	[at 'spara]
economical	sparsam	['spa:ʂam]

to pay (vi, vt)	att betala	[at be'talʲa]
payment	betalning (en)	[be'talʲniŋ]
change (give the ~)	växel (en)	['vɛksəlʲ]

tax	skatt (en)	['skat]
fine	bot (en)	['bʊt]
to fine (vt)	att bötfälla	[at 'bøtˌfɛlʲa]

42. Post. Postal service

post office	post (en)	['pɔst]
mail (letters, etc.)	post (en)	['pɔst]
mailman	brevbärare (en)	['brevˌbæ:rarə]
opening hours	öppettider (pl)	['øpetˌti:dər]

letter	brev (ett)	['brev]
registered letter	rekommenderat brev (ett)	[rekɔmən'derat brev]
postcard	postkort (ett)	['pɔstˌkɔ:t]
telegram	telegram (ett)	[telʲe'gram]
package (parcel)	postpaket (ett)	['pɔst paˌket]
money transfer	pengaöverföring (en)	['pɛŋaˌøvə'fø:riŋ]

to receive (vt)	att ta emot	[at ta ɛmo:t]
to send (vt)	att skicka	[at 'ɧika]
sending	avsändning (en)	['avˌsɛndniŋ]

address	adress (en)	[a'drɛs]
ZIP code	postnummer (ett)	['pɔstˌnumər]
sender	avsändare (en)	['avˌsɛndarə]
receiver	mottagare (en)	['mɔtˌtagarə]

| name (first name) | förnamn (ett) | ['fœ:ˌŋamn] |
| surname (last name) | efternamn (ett) | ['ɛftəˌŋamn] |

postage rate	tariff (en)	[ta'rif]
standard (adj)	vanlig	['vanlig]
economical (adj)	ekonomisk	[ɛkʊ'nɔmisk]

weight	vikt (en)	['vikt]
to weigh (~ letters)	att väga	[at 'vɛ:ga]
envelope	kuvert (ett)	[kʉ:'vær]

postage stamp	frimärke (ett)	['fri͵mærkə]
to stamp an envelope	att sätta på frimärke	[at 'sæta pɔ 'fri͵mærkə]

43. Banking

bank	bank (en)	['baŋk]
branch (of bank, etc.)	avdelning (en)	[av'dɛlʲniŋ]

bank clerk, consultant	konsulent (en)	[kɔnsu'lʲɛnt]
manager (director)	föreståndare (en)	[førə'stɔndarə]

bank account	bankkonto (ett)	['baŋk͵kɔntʊ]
account number	kontonummer (ett)	['kɔntʊ͵numər]

checking account	checkkonto (ett)	['ɕɛk͵kɔntʊ]
savings account	sparkonto (ett)	['spar͵kɔntʊ]

to open an account	att öppna ett konto	[at 'øpna ɛt 'kɔntʊ]
to close the account	att avsluta kontot	[at 'av͵slʉ:ta 'kɔntʊt]

to deposit into the account	att sätta in på kontot	[at 'sæta in pɔ 'kɔntʊt]
to withdraw (vt)	att ta ut från kontot	[at ta ʉt frɔn 'kɔntʊt]

deposit	insats (en)	['in͵sats]
to make a deposit	att sätta in	[at 'sæta in]

wire transfer	överföring (en)	['ø:və͵fø:riŋ]
to wire, to transfer	att överföra	[at ø:və͵føra]

sum	summa (en)	['suma]
How much?	Hur mycket?	[hʉr 'mʏkə]

signature	signatur, underskrift (en)	[signa'tʉ:r], ['undə͵skrift]
to sign (vt)	att underteckna	[at 'undə͵tɛkna]

credit card	kreditkort (ett)	[kre'dit͵kɔ:t]
code (PIN code)	kod (en)	['kɔd]

credit card number	kreditkortsnummer (ett)	[kre'dit͵kɔ:ts 'numər]
ATM	bankomat (en)	[baŋkʊ'mat]

check	check (en)	['ɕɛk]
to write a check	att skriva en check	[at 'skriva en 'ɕɛk]
checkbook	checkbok (en)	['ɕɛk͵bʊk]

loan (bank ~)	lån (ett)	['lʲɔ:n]
to apply for a loan	att ansöka om lån	[at 'an͵sø:ka ɔm 'lʲɔ:n]
to get a loan	att få ett lån	[at fo: et 'lʲɔ:n]
to give a loan	att ge ett lån	[at je: et 'lʲɔ:n]
guarantee	garanti (en)	[garan'ti:]

44. Telephone. Phone conversation

telephone	telefon (en)	[telʲeˈfɔn]
cell phone	mobiltelefon (en)	[mɔˈbilʲ telʲeˈfɔn]
answering machine	telefonsvarare (en)	[telʲeˈfɔnˌsvararə]
to call (by phone)	att ringa	[at ˈriŋa]
phone call	telefonsamtal (en)	[telʲeˈfɔnˌsamtalʲ]
to dial a number	att slå nummer	[at ˈslʲo: ˈnumər]
Hello!	Hallå!	[haˈlʲo:]
to ask (vt)	att fråga	[at ˈfro:ga]
to answer (vi, vt)	att svara	[at ˈsvara]
to hear (vt)	att höra	[at ˈhø:ra]
well (adv)	gott, bra	[ˈgɔt], [ˈbra]
not well (adv)	dåligt	[ˈdo:lit]
noises (interference)	bruser, störningar (pl)	[ˈbru:sər], [ˈstø:ɲiɲar]
receiver	telefonlur (en)	[telʲeˈfɔnˌlu:r]
to pick up (~ the phone)	att lyfta telefonluren	[at ˈlʲyfta telʲeˈfɔn ˈlu:rən]
to hang up (~ the phone)	att lägga på	[at ˈlʲɛga pɔ]
busy (engaged)	upptagen	[ˈupˌtagən]
to ring (ab. phone)	att ringa	[at ˈriŋa]
telephone book	telefonkatalog (en)	[telʲeˈfɔn kataˈlʲɔg]
local (adj)	lokal-	[lʲoˈkalʲ-]
local call	lokalsamtal (ett)	[lʲoˈkalʲˌsamtalʲ]
long distance (~ call)	riks-	[ˈriks-]
long-distance call	rikssamtal (ett)	[ˈriksˌsamtalʲ]
international (adj)	internationell	[intɛːɲatʃʊˌnɛlʲ]
international call	internationell samtal (ett)	[intɛːɲatʃʊˌnɛlʲ ˈsamtalʲ]

45. Cell phone

cell phone	mobiltelefon (en)	[mɔˈbilʲ telʲeˈfɔn]
display	skärm (en)	[ˈʃæːrm]
button	knapp (en)	[ˈknap]
SIM card	SIM-kort (ett)	[ˈsimˌkɔːt]
battery	batteri (ett)	[batɛˈri:]
to be dead (battery)	att bli urladdad	[at bli ˈu:ˌlʲadad]
charger	laddare (en)	[ˈlʲadarə]
menu	meny (en)	[meˈny]
settings	inställningar (pl)	[ˈinˌstɛlʲniɲar]
tune (melody)	melodi (en)	[melʲoˈdi:]
to select (vt)	att välja	[at ˈvɛlʲja]

calculator	kalkylator (en)	[kalʲky'lʲatʊr]
voice mail	telefonsvarare (en)	[telʲe'fɔn͵svararə]
alarm clock	väckarklocka, alarm (en)	['vɛkar͵klʲɔka], [a'lʲarm]
contacts	kontakter (pl)	[kɔn'taktər]

| SMS (text message) | SMS meddelande (ett) | [ɛsɛ'mɛs me'delʲandə] |
| subscriber | abonnent (en) | [abɔ'nɛnt] |

46. Stationery

| ballpoint pen | kulspetspenna (en) | ['kʉlʲspets͵pɛna] |
| fountain pen | reservoarpenna (en) | [resɛrvʊ'ar͵pɛna] |

pencil	blyertspenna (en)	['blʲyɛ:ts͵pɛna]
highlighter	märkpenna (en)	['mœrk͵pɛna]
felt-tip pen	tuschpenna (en)	['tu:ʃ͵pɛna]

| notepad | block (ett) | ['blʲɔk] |
| agenda (diary) | dagbok (en) | ['dag͵bʉk] |

ruler	linjal (en)	[li'njalʲ]
calculator	kalkylator (en)	[kalʲky'lʲatʊr]
eraser	suddgummi (ett)	['sud͵gumi]
thumbtack	häftstift (ett)	['hɛft͵stift]
paper clip	gem (ett)	['gem]

glue	lim (ett)	['lim]
stapler	häftapparat (en)	['hɛft apa͵rat]
hole punch	hålslag (ett)	['ho:lʲ͵slʲag]
pencil sharpener	pennvässare (en)	['pɛn͵vɛsarə]

47. Foreign languages

language	språk (ett)	['spro:k]
foreign (adj)	främmande	['frɛmandə]
foreign language	främmande språk (ett)	['frɛmandə spro:k]
to study (vt)	att studera	[at stu'dera]
to learn (language, etc.)	att lära sig	[at 'lʲæ:ra sɛj]

to read (vi, vt)	att läsa	[at 'lʲɛ:sa]
to speak (vi, vt)	att tala	[at 'talʲa]
to understand (vt)	att förstå	[at fœ:'ʂto:]
to write (vt)	att skriva	[at 'skriva]

fast (adv)	snabbt	['snabt]
slowly (adv)	långsamt	['lʲɔŋ͵samt]
fluently (adv)	flytande	['flʲytandə]
rules	regler (pl)	['rɛglʲər]

grammar	grammatik (en)	[grama'tik]
vocabulary	ordförråd (ett)	['ʊːɖfœːˌroːd]
phonetics	fonetik (en)	[fɔne'tik]

textbook	lärobok (en)	['lʲæːrʊˌbʊk]
dictionary	ordbok (en)	['ʊːɖˌbʊk]
teach-yourself book	självinstruerande lärobok (en)	['ɧɛlʲv instrʉ'ɛrandə 'lʲæːrʊˌbʊk]
phrasebook	parlör (en)	[paːˈlʲøːr]

cassette, tape	kassett (en)	[ka'sɛt]
videotape	videokassett (en)	['videʊ ka'sɛt]
CD, compact disc	cd-skiva (en)	['sede ˌɧiva]
DVD	dvd (en)	[deve'deː]

alphabet	alfabet (ett)	['alʲfabet]
to spell (vt)	att stava	[at 'stava]
pronunciation	uttal (ett)	['ʉtˌtalʲ]

accent	brytning (en)	['brʏtniŋ]
with an accent	med brytning	[me 'brʏtniŋ]
without an accent	utan brytning	['ʉtan 'brʏtniŋ]

| word | ord (ett) | ['ʊːɖ] |
| meaning | betydelse (en) | [be'tydəlʲsə] |

course (e.g., a French ~)	kurs (en)	['kuːʂ]
to sign up	att anmäla sig	[at 'anˌmɛːlʲa sɛj]
teacher	lärare (en)	['lʲæːrarə]

translation (process)	översättning (en)	['øːvəˌsætniŋ]
translation (text, etc.)	översättning (en)	['øːvəˌsætniŋ]
translator	översättare (en)	['øːvəˌsætarə]
interpreter	tolk (en)	['tɔlʲk]

| polyglot | polyglott (en) | [pʊlʲy'glʲɔt] |
| memory | minne (ett) | ['minə] |

MEALS. RESTAURANT

T&P Books Publishing

48. Table setting

spoon	**sked (en)**	['ʃed]
knife	**kniv (en)**	['kniv]
fork	**gaffel (en)**	['gafəlʲ]
cup (e.g., coffee ~)	**kopp (en)**	['kop]
plate (dinner ~)	**tallrik (en)**	['talʲrik]
saucer	**tefat (ett)**	['te̠ˌfat]
napkin (on table)	**servett (en)**	[sɛr'vɛt]
toothpick	**tandpetare (en)**	['tandˌpetarə]

49. Restaurant

restaurant	**restaurang (en)**	[rɛstɔ'raŋ]
coffee house	**kafé (ett)**	[ka'fe:]
pub, bar	**bar (en)**	['bar]
tearoom	**tehus (ett)**	['te:ˌhʉs]
waiter	**servitör (en)**	[sɛrvi'tø:r]
waitress	**servitris (en)**	[sɛrvi'tris]
bartender	**bartender (en)**	['ba:ˌʈɛndər]
menu	**meny (en)**	[me'ny]
wine list	**vinlista (en)**	['vinˌlista]
to book a table	**att reservera bord**	[at resɛr'vera bu:ɖ]
course, dish	**rätt (en)**	['ræt]
to order (meal)	**att beställa**	[at be'stɛlʲa]
to make an order	**att beställa**	[at be'stɛlʲa]
aperitif	**aperitif (en)**	[aperi'tif]
appetizer	**förrätt (en)**	['fœːræt]
dessert	**dessert (en)**	[dɛ'sɛ:r]
check	**nota (en)**	['nʊta]
to pay the check	**att betala notan**	[at be'talʲa 'nʊtan]
to give change	**att ge tillbaka växel**	[at je: tilʲ"baka 'vɛksəlʲ]
tip	**dricks (en)**	['driks]

50. Meals

food	**mat (en)**	['mat]
to eat (vi, vt)	**att äta**	[at 'ɛ:ta]

breakfast	frukost (en)	['fruːkɔst]
to have breakfast	att äta frukost	[at 'ɛːta 'fruːkɔst]
lunch	lunch (en)	['lʉnɕ]
to have lunch	att äta lunch	[at 'ɛːta ˌlʉnɕ]
dinner	kvällsmat (en)	['kvɛlˈsˌmat]
to have dinner	att äta kvällsmat	[at 'ɛːta 'kvɛlˈsˌmat]

| appetite | aptit (en) | ['aptit] |
| Enjoy your meal! | Smaklig måltid! | ['smaklig 'moːlˈtid] |

to open (~ a bottle)	att öppna	[at 'øpna]
to spill (liquid)	att spilla	[at 'spilˈa]
to spill out (vi)	att spillas ut	[at 'spilˈas ʉt]

to boil (vi)	att koka	[at 'kʊka]
to boil (vt)	att koka	[at 'kʊka]
boiled (~ water)	kokt	['kʊkt]
to chill, cool down (vt)	att avkyla	[at 'avˌɕylˈa]
to chill (vi)	att avkylas	[at 'avˌɕylˈas]

| taste, flavor | smak (en) | ['smak] |
| aftertaste | bismak (en) | ['bismak] |

to slim down (lose weight)	att vara på diet	[at 'vara pɔ di'et]
diet	diet (en)	[di'et]
vitamin	vitamin (ett)	[vita'min]
calorie	kalori (en)	[kalˈɔ'riː]
vegetarian (n)	vegetarian (en)	[vegetiri'an]
vegetarian (adj)	vegetarisk	[vege'tarisk]

fats (nutrient)	fett (ett)	['fɛt]
proteins	proteiner (pl)	[prote'iːnər]
carbohydrates	kolhydrater (pl)	['kɔlˈhyˌdratər]
slice (of lemon, ham)	skiva (en)	['ɧiva]
piece (of cake, pie)	bit (en)	['bit]
crumb (of bread, cake, etc.)	smula (en)	['smʉlˈa]

51. Cooked dishes

course, dish	rätt (en)	['ræt]
cuisine	kök (ett)	['ɕøːk]
recipe	recept (ett)	[re'sɛpt]
portion	portion (en)	[pɔːʈ'ɧʉn]

| salad | sallad (en) | ['salˈad] |
| soup | soppa (en) | ['sɔpa] |

| clear soup (broth) | buljong (en) | [bu'ljɔŋ] |
| sandwich (bread) | smörgås (en) | ['smœrˌgoːs] |

fried eggs	stekt ägg (en)	['stɛkt ˌɛg]
hamburger (beefburger)	hamburgare (en)	['hamburgarə]
beefsteak	biffstek (en)	['bifˌstɛk]

side dish	tillbehör (ett)	['tilˈbeˌhør]
spaghetti	spagetti	[spa'gɛti]
mashed potatoes	potatismos (ett)	[pʊ'tatisˌmʊs]
pizza	pizza (en)	['pitsa]
porridge (oatmeal, etc.)	gröt (en)	['grø:t]
omelet	omelett (en)	[ɔmə'lʲet]

boiled (e.g., ~ beef)	kokt	['kʊkt]
smoked (adj)	rökt	['rœkt]
fried (adj)	stekt	['stɛkt]
dried (adj)	torkad	['tɔrkad]
frozen (adj)	fryst	['frʏst]
pickled (adj)	sylt-	['sylʲt-]

sweet (sugary)	söt	['sø:t]
salty (adj)	salt	['salʲt]
cold (adj)	kall	['kalʲ]
hot (adj)	het, varm	['het], ['varm]
bitter (adj)	bitter	['bitər]
tasty (adj)	läcker	['lʲɛkər]

to cook in boiling water	att koka	[at 'kʊka]
to cook (dinner)	att laga	[at 'lʲaga]
to fry (vt)	att steka	[at 'steka]
to heat up (food)	att värma upp	[at 'væ:rma up]

to salt (vt)	att salta	[at 'salʲta]
to pepper (vt)	att peppra	[at 'pepra]
to grate (vt)	att riva	[at 'riva]
peel (n)	skal (ett)	['skalʲ]
to peel (vt)	att skala	[at 'skalʲa]

52. Food

meat	kött (ett)	['ɕœt]
chicken	höna (en)	['hø:na]
Rock Cornish hen (poussin)	kyckling (en)	['ɕyklin]
duck	anka (en)	['aŋka]
goose	gås (en)	['go:s]
game	vilt (ett)	['vilʲt]
turkey	kalkon (en)	[kalʲˈkʊn]

pork	fläsk (ett)	['flʲɛsk]
veal	kalvkött (en)	['kalʲvˌɕœt]
lamb	lammkött (ett)	['lʲamˌɕœt]

beef	oxkött, nötkött (ett)	['ʊksˌɡœt], ['nøːtˌɡœt]
rabbit	kanin (en)	[ka'nin]
sausage (bologna, pepperoni, etc.)	korv (en)	['kɔrv]
vienna sausage (frankfurter)	wienerkorv (en)	['vinɛrˌkɔrv]
bacon	bacon (ett)	['bɛjkɔn]
ham	skinka (en)	['ɧiŋka]
gammon	skinka (en)	['ɧiŋka]
pâté	paté (en)	[pa'te]
liver	lever (en)	['lʲevər]
hamburger (ground beef)	köttfärs (en)	['ɡœtˌfæːʂ]
tongue	tunga (en)	['tuŋa]
egg	ägg (ett)	['ɛg]
eggs	ägg (pl)	['ɛg]
egg white	äggvita (en)	['ɛgˌviːta]
egg yolk	äggula (en)	['ɛgˌʉːlʲa]
fish	fisk (en)	['fisk]
seafood	fisk och skaldjur	['fisk ɔ 'skalʲjʉːr]
crustaceans	kräftdjur (pl)	['krɛftˌjuːr]
caviar	kaviar (en)	['kavˌjar]
crab	krabba (en)	['kraba]
shrimp	räka (en)	['rɛːka]
oyster	ostron (ett)	['ʊstrʊn]
spiny lobster	languster (en)	[lʲaŋ'gustər]
octopus	bläckfisk (en)	['blʲɛkˌfisk]
squid	bläckfisk (en)	['blʲɛkˌfisk]
sturgeon	stör (en)	['støːr]
salmon	lax (en)	['lʲaks]
halibut	hälleflundra (en)	['hɛlʲeˌflʊndra]
cod	torsk (en)	['tɔːʂk]
mackerel	makrill (en)	['makrilʲ]
tuna	tonfisk (en)	['tʊnˌfisk]
eel	ål (en)	['oːlʲ]
trout	öring (en)	['øːriŋ]
sardine	sardin (en)	[saː'ɖiːn]
pike	gädda (en)	['jɛda]
herring	sill (en)	['silʲ]
bread	bröd (ett)	['brøːd]
cheese	ost (en)	['ʊst]
sugar	socker (ett)	['sɔkər]
salt	salt (ett)	['salʲt]
rice	ris (ett)	['ris]

| pasta (macaroni) | pasta (en), makaroner (pl) | ['pasta], [maka'rʊnər] |
| noodles | nudlar (pl) | ['nʉ:dlʲar] |

butter	smör (ett)	['smœ:r]
vegetable oil	vegetabilisk olja (en)	[vegeta'bilisk 'ɔlja]
sunflower oil	solrosolja (en)	['sʊlʲrʊsˌɔlja]
margarine	margarin (ett)	[marga'rin]

| olives | oliver (pl) | [ʊ:'livər] |
| olive oil | olivolja (en) | [ʊ'livˌɔlja] |

milk	mjölk (en)	['mjœlʲk]
condensed milk	kondenserad mjölk (en)	[kɔndɛn'serad ˌmjœlʲk]
yogurt	yoghurt (en)	['jo:gʉ:t]
sour cream	gräddfil, syrad grädden (en)	['grɛdfilʲ], [syrad 'gredən]
cream (of milk)	grädde (en)	['grɛdə]

| mayonnaise | majonnäs (en) | [majɔ'nɛs] |
| buttercream | kräm (en) | ['krɛm] |

cereal grains (wheat, etc.)	gryn (en)	['gryn]
flour	mjöl (ett)	['mjø:lʲ]
canned food	konserv (en)	[kɔn'sɛrv]
cornflakes	cornflakes (pl)	['kɔ:ɳˌflɛjks]
honey	honung (en)	['hɔnuŋ]
jam	sylt, marmelad (en)	['sylʲt], [marme'lʲad]
chewing gum	tuggummi (ett)	['tugˌgumi]

53. Drinks

water	vatten (ett)	['vatən]
drinking water	dricksvatten (ett)	['driksˌvatən]
mineral water	mineralvatten (ett)	[mine'ralʲˌvatən]

still (adj)	icke kolsyrat	['ikə 'kɔlʲˌsyrat]
carbonated (adj)	kolsyrat	['kɔlʲˌsyrat]
sparkling (adj)	kolsyrat	['kɔlʲˌsyrat]
ice	is (en)	['is]
with ice	med is	[me 'is]

non-alcoholic (adj)	alkoholfri	[alʲkʊ'hɔlʲˌfri:]
soft drink	alkoholfri dryck (en)	[alʲkʊ'hɔlʲfri 'drʏk]
refreshing drink	läskedryck (en)	['lɛskəˌdrik]
lemonade	lemonad (en)	[lʲemɔ'nad]

| liquors | alkoholhaltiga drycker (pl) | [alʲkʊ'hɔlʲˌhalʲtiga 'drʏkər] |
| wine | vin (ett) | ['vin] |

| white wine | vitvin (ett) | ['vit͵vin] |
| red wine | rödvin (ett) | ['rø:d͵vin] |

liqueur	likör (en)	[li'kø:r]
champagne	champagne (en)	[ɧam'panʲ]
vermouth	vermouth (en)	['vɛrmut]

whiskey	whisky (en)	['viski]
vodka	vodka (en)	['vodka]
gin	gin (ett)	['dʒin]
cognac	konjak (en)	['konʲak]
rum	rom (en)	['rɔm]

coffee	kaffe (ett)	['kafə]
black coffee	svart kaffe (ett)	['sva:ʈ 'kafə]
coffee with milk	kaffe med mjölk (ett)	['kafə me mjœlʲk]
cappuccino	cappuccino (en)	['kaputʃinʊ]
instant coffee	snabbkaffe (ett)	['snab͵kafə]

milk	mjölk (en)	['mjœlʲk]
cocktail	cocktail (en)	['koktɛjlʲ]
milkshake	milkshake (en)	['milʲkʃɛjk]

juice	juice (en)	['ju:s]
tomato juice	tomatjuice (en)	[tʊ'matju:s]
orange juice	apelsinjuice (en)	[apɛlʲ'sinju:s]
freshly squeezed juice	nypressad juice (en)	['nʏ͵prɛsad 'ju:s]

beer	öl (ett)	['ø:lʲ]
light beer	ljust öl (ett)	['jʉ:st͵ø:lʲ]
dark beer	mörkt öl (ett)	['mœ:rkt ͵ø:lʲ]

tea	te (ett)	['te:]
black tea	svart te (ett)	['sva:ʈ ͵te:]
green tea	grönt te (ett)	['grœnt te:]

54. Vegetables

| vegetables | grönsaker (pl) | ['grø:n͵sakər] |
| greens | grönsaker (pl) | ['grø:n͵sakər] |

| tomato | tomat (en) | [tʊ'mat] |
| cucumber | gurka (en) | ['gurka] |

carrot	morot (en)	['mʊ͵rʊt]
potato	potatis (en)	[pʊ'tatis]
onion	lök (en)	['lʲø:k]
garlic	vitlök (en)	['vit͵lʲø:k]
cabbage	kål (en)	['ko:lʲ]
cauliflower	blomkål (en)	['blʲʊm͵ko:lʲ]

| Brussels sprouts | brysselkål (en) | ['brʏsɛlʲˌkoːlʲ] |
| broccoli | broccoli (en) | ['brɔkɔli] |

beetroot	rödbeta (en)	['røːdˌbeta]
eggplant	aubergine (en)	[ɔbɛr'ʒin]
zucchini	squash, zucchini (en)	['skvɔːɕ], [su'kini]
pumpkin	pumpa (en)	['pumpa]
turnip	rova (en)	['ruva]

parsley	persilja (en)	[pɛ'ʂilja]
dill	dill (en)	['dilʲ]
lettuce	sallad (en)	['salʲad]
celery	selleri (en)	['sɛlʲeri]
asparagus	sparris (en)	['sparis]
spinach	spenat (en)	[spe'nat]

pea	ärter (pl)	['æːˌtər]
beans	bönor (pl)	['bønʊr]
corn (maize)	majs (en)	['majs]
kidney bean	böna (en)	['bøna]

bell pepper	peppar (en)	['pɛpar]
radish	rädisa (en)	['rɛːdisa]
artichoke	kronärtskocka (en)	['krʊnæːˌt̪skɔka]

55. Fruits. Nuts

fruit	frukt (en)	['frukt]
apple	äpple (ett)	['ɛplʲe]
pear	päron (ett)	['pæːrɔn]
lemon	citron (en)	[si'trun]
orange	apelsin (en)	[apɛlʲ'sin]
strawberry (garden ~)	jordgubbe (en)	['jʊːd̪ˌgubə]

mandarin	mandarin (en)	[manda'rin]
plum	plommon (ett)	['plʲumɔn]
peach	persika (en)	['pɛʂika]
apricot	aprikos (en)	[apri'kʊs]
raspberry	hallon (ett)	['halʲɔn]
pineapple	ananas (en)	['ananas]

banana	banan (en)	['banan]
watermelon	vattenmelon (en)	['vatənˌme'lʲʊn]
grape	druva (en)	['druːva]
sour cherry	körsbär (ett)	['ɕøːʂˌbæːr]
sweet cherry	fågelbär (ett)	['foːgəlʲˌbæːr]
melon	melon (en)	[me'lʲʊn]

| grapefruit | grapefrukt (en) | ['grɛjpˌfrukt] |
| avocado | avokado (en) | [avɔ'kadʊ] |

papaya	papaya (en)	[pa'paja]
mango	mango (en)	['maŋgʊ]
pomegranate	granatäpple (en)	[gra'natˌɛplʲe]

redcurrant	röda vinbär (ett)	['røːda 'vinbæːr]
blackcurrant	svarta vinbär (ett)	['svaːʈa 'vinbæːr]
gooseberry	krusbär (ett)	['kruːsˌbæːr]
bilberry	blåbär (ett)	['blʲoːˌbæːr]
blackberry	björnbär (ett)	['bjøːɳˌbæːr]

raisin	russin (ett)	['rusin]
fig	fikon (ett)	['fikɔn]
date	dadel (en)	['dadəlʲ]

peanut	jordnöt (en)	['jʊːdˌnøːt]
almond	mandel (en)	['mandəlʲ]
walnut	valnöt (en)	['valʲˌnøːt]
hazelnut	hasselnöt (en)	['hasəlʲˌnøːt]
coconut	kokosnöt (en)	['kʊkʊsˌnøːt]
pistachios	pistaschnötter (pl)	['pistaʃˌnɶtər]

56. Bread. Candy

bakers' confectionery (pastry)	konditorivaror (pl)	[kɔnditʊ'riːˌvarʊr]
bread	bröd (ett)	['brøːd]
cookies	småkakor (pl)	['smoːkakʊr]

chocolate (n)	choklad (en)	[ʃɔk'lʲad]
chocolate (as adj)	choklad-	[ʃɔk'lʲad-]
candy (wrapped)	konfekt, karamell (en)	[kɔn'fɛkt], [kara'mɛlʲ]
cake (e.g., cupcake)	kaka, bakelse (en)	['kaka], ['bakəlʲsə]
cake (e.g., birthday ~)	tårta (en)	['toːʈa]

| pie (e.g., apple ~) | paj (en) | ['paj] |
| filling (for cake, pie) | fyllning (en) | ['fylʲniŋ] |

jam (whole fruit jam)	sylt (en)	['sylʲt]
marmalade	marmelad (en)	[marme'lʲad]
waffles	våffle (en)	['vɔflʲe]
ice-cream	glass (en)	['glʲas]
pudding	pudding (en)	['pudiŋ]

57. Spices

salt	salt (ett)	['salʲt]
salty (adj)	salt	['salʲt]
to salt (vt)	att salta	[at 'salʲta]

black pepper	**svartpeppar (en)**	['sva:t̪ˌpɛpar]
red pepper (milled ~)	**rödpeppar (en)**	['rø:dˌpɛpar]
mustard	**senap (en)**	['se:nap]
horseradish	**pepparrot (en)**	['pɛpaˌrʊt]
condiment	**krydda (en)**	['krʏda]
spice	**krydda (en)**	['krʏda]
sauce	**sås (en)**	['so:s]
vinegar	**ättika (en)**	['ætika]
anise	**anis (en)**	['anis]
basil	**basilika (en)**	[ba'silika]
cloves	**nejlika (en)**	['nɛjlika]
ginger	**ingefära (en)**	['iŋəˌfæ:ra]
coriander	**koriander (en)**	[kɔri'andər]
cinnamon	**kanel (en)**	[ka'nelʲ]
sesame	**sesam (en)**	['sesam]
bay leaf	**lagerblad (ett)**	['lʲagərˌblʲad]
paprika	**paprika (en)**	['paprika]
caraway	**kummin (en)**	['kumin]
saffron	**saffran (en)**	['safran]

T&P BOOKS

PERSONAL INFORMATION. FAMILY

T&P Books Publishing

name (first name)	**namn (ett)**	['namn]
surname (last name)	**efternamn (ett)**	['ɛftəˌŋamn]
date of birth	**födelsedatum (ett)**	['føːdəlˈsəˌdatum]
place of birth	**födelseort (en)**	['føːdəlˈsəˌɔːt]
nationality	**nationalitet (en)**	[natʃunaliˈtet]
place of residence	**bostadsort (en)**	['bostadsˌɔːt]
country	**land (ett)**	['lˈand]
profession (occupation)	**yrke (ett),**	['yrkə],
	profession (en)	[prɔfeˈʃun]
gender, sex	**kön (ett)**	['ɕøːn]
height	**höjd (en)**	['hœjd]
weight	**vikt (en)**	['vikt]

mother	**mor (en)**	['mur]
father	**far (en)**	['far]
son	**son (en)**	['sɔn]
daughter	**dotter (en)**	['dɔtər]
younger daughter	**yngsta dotter (en)**	['yŋsta 'dɔtər]
younger son	**yngste son (en)**	['yŋstə sɔn]
eldest daughter	**äldsta dotter (en)**	['ɛlˈsta 'dɔtər]
eldest son	**äldste son (en)**	['ɛlˈstə 'sɔn]
brother	**bror (en)**	['brur]
elder brother	**storebror (en)**	['sturəˌbrur]
younger brother	**lillebror (en)**	['lilˈeˌbrur]
sister	**syster (en)**	['systər]
elder sister	**storasyster (en)**	['sturaˌsystər]
younger sister	**lillasyster (en)**	['lilˈaˌsystər]
cousin (masc.)	**kusin (en)**	[kʉˈsiːn]
cousin (fem.)	**kusin (en)**	[kʉˈsiːn]
mom, mommy	**mamma (en)**	['mama]
dad, daddy	**pappa (en)**	['papa]
parents	**föräldrar (pl)**	[førˈɛlˈdrar]
child	**barn (ett)**	['baːɳ]
children	**barn (pl)**	['baːɳ]
grandmother	**mormor, farmor (en)**	['murmur], ['farmur]

grandfather	morfar, farfar (en)	['mʊrfar], ['farfar]
grandson	barnbarn (ett)	['baːn̩ˌbaːn̩]
granddaughter	barnbarn (ett)	['baːn̩ˌbaːn̩]
grandchildren	barnbarn (pl)	['baːn̩ˌbaːn̩]

uncle	farbror, morbror (en)	['farˌbrʊr], ['mʊrˌbrʊr]
aunt	faster, moster (en)	['fastər], ['mʊstər]
nephew	brorson, systerson (en)	['brʊrˌsɔn], ['sʏstəˌsɔn]
niece	brorsdotter, systerdotter (en)	['brʊːsˌdɔtər], ['sʏstəˌdɔtər]

mother-in-law (wife's mother)	svärmor (en)	['svæːrˌmʊr]
father-in-law (husband's father)	svärfar (en)	['svæːrˌfar]
son-in-law (daughter's husband)	svärson (en)	['svæːˌsɔn]
stepmother	styvmor (en)	['styvˌmʊr]
stepfather	styvfar (en)	['styvˌfar]
infant	spädbarn (ett)	['spɛːdˌbaːn̩]
baby (infant)	spädbarn (ett)	['spɛːdˌbaːn̩]
little boy, kid	baby, bäbis (en)	['bɛːbi], ['bɛːbis]

wife	hustru (en)	['hʉstrʉ]
husband	man (en)	['man]
spouse (husband)	make, äkta make (en)	['makə], ['ɛkta ˌmakə]
spouse (wife)	hustru (en)	['hʉstrʉ]

married (masc.)	gift	['jift]
married (fem.)	gift	['jift]
single (unmarried)	ogift	[ʊːˈjift]
bachelor	ungkarl (en)	['ʉŋˌkar]
divorced (masc.)	frånskild	['froːnˌçilʲd]
widow	änka (en)	['ɛŋka]
widower	änkling (en)	['ɛŋkliŋ]

relative	släkting (en)	['slʲɛktiŋ]
close relative	nära släkting (en)	['næːra 'slʲɛktiŋ]
distant relative	fjärran släkting (en)	['fjæːran 'slʲɛktiŋ]
relatives	släktingar (pl)	['slʲɛktiŋar]

orphan (boy or girl)	föräldralöst barn (ett)	[førˈɛlʲdralʲœst 'baːn̩]
guardian (of a minor)	förmyndare (en)	['førˌmʏndarə]
to adopt (a boy)	att adoptera	[at adɔp'tera]
to adopt (a girl)	att adoptera	[at adɔp'tera]

60. Friends. Coworkers

| friend (masc.) | vän (en) | ['vɛːn] |
| friend (fem.) | väninna (en) | [vɛːˈnina] |

| friendship | vänskap (en) | ['vɛnˌskap] |
| to be friends | att vara vänner | [at 'vara 'vɛnər] |

buddy (masc.)	vän (en)	['vɛːn]
buddy (fem.)	väninna (en)	[vɛːˈnina]
partner	partner (en)	['paːtnər]

chief (boss)	chef (en)	['ɧef]
superior (n)	överordnad (en)	['øːvərˌɔːdɳat]
owner, proprietor	ägare (en)	['ɛːgarə]
subordinate (n)	underordnad (en)	['undərˌɔːdɳat]
colleague	kollega (en)	[kɔ'lʲeːga]

acquaintance (person)	bekant (en)	[be'kant]
fellow traveler	resekamrat (en)	['resəˌkam'rat]
classmate	klasskamrat (en)	['klʲasˌkam'rat]

neighbor (masc.)	granne (en)	['granə]
neighbor (fem.)	granne (en)	['granə]
neighbors	grannar (pl)	['granar]

HUMAN BODY. MEDICINE

T&P Books Publishing

head	huvud (ett)	['hʉːvʉd]
face	ansikte (ett)	['ansiktə]
nose	näsa (en)	['nɛːsa]
mouth	mun (en)	['muːn]

eye	öga (ett)	['øːga]
eyes	ögon (pl)	['øːgɔn]
pupil	pupill (en)	[pʉ'pilʲ]
eyebrow	ögonbryn (ett)	['øːgɔnˌbryn]
eyelash	ögonfrans (en)	['øːgɔnˌfrans]
eyelid	ögonlock (ett)	['øːgɔnˌlʲɔk]

tongue	tunga (en)	['tuŋa]
tooth	tand (en)	['tand]
lips	läppar (pl)	['lʲɛpar]
cheekbones	kindben (pl)	['ɕindˌbeːn]
gum	tandkött (ett)	['tandˌɕœt]
palate	gom (en)	['gʊm]

nostrils	näsborrar (pl)	['nɛːsˌbɔrar]
chin	haka (en)	['haka]
jaw	käke (en)	['ɕɛːkə]
cheek	kind (en)	['ɕind]

forehead	panna (en)	['pana]
temple	tinning (en)	['tiniŋ]
ear	öra (ett)	['øːra]
back of the head	nacke (en)	['nakə]
neck	hals (en)	['halʲs]
throat	strupe, hals (en)	['strʉpə], ['halʲs]

hair	hår (pl)	['hoːr]
hairstyle	frisyr (en)	[fri'syr]
haircut	klippning (en)	['klipniŋ]
wig	peruk (en)	[pe'rʉːk]

mustache	mustasch (en)	[mʉ'staːʃ]
beard	skägg (ett)	['ɧɛg]
to have (a beard, etc.)	att ha	[at 'ha]
braid	fläta (en)	['flʲɛːta]
sideburns	polisonger (pl)	[pɔli'sɔŋər]

| red-haired (adj) | rödhårig | ['røːdˌhoːrig] |
| gray (hair) | grå | ['groː] |

| bald (adj) | skallig | ['skalig] |
| bald patch | flint (en) | ['flint] |

| ponytail | hästsvans (en) | ['hɛst,svans] |
| bangs | lugg, pannlugg (en) | [lʉg], ['pan,lʉg] |

62. Human body

| hand | hand (en) | ['hand] |
| arm | arm (en) | ['arm] |

finger	finger (ett)	['fiŋər]
toe	tå (en)	['to:]
thumb	tumme (en)	['tumə]
little finger	lillfinger (ett)	['lilˌfiŋər]
nail	nagel (en)	['nagəlʲ]

fist	knytnäve (en)	['knʏtˌnɛ:və]
palm	handflata (en)	['handˌflʲata]
wrist	handled (en)	['handˌlʲed]
forearm	underarm (en)	['undərˌarm]
elbow	armbåge (en)	['armˌbo:gə]
shoulder	skuldra (en)	['skʉlʲdra]

leg	ben (ett)	['be:n]
foot	fot (en)	['fʊt]
knee	knä (ett)	['knɛ:]
calf (part of leg)	vad (ett)	['vad]
hip	höft (en)	['hœft]
heel	häl (en)	['hɛ:lʲ]

body	kropp (en)	['krɔp]
stomach	mage (en)	['magə]
chest	bröst (ett)	['brœst]
breast	bröst (ett)	['brœst]

flank	sida (en)	['sida]
back	rygg (en)	['rʏg]
lower back	ländrygg (en)	['lʲɛndˌrʏg]
waist	midja (en)	['midja]

navel (belly button)	navel (en)	['navəlʲ]
buttocks	stjärtar, skinkor (pl)	['ɧæ:ˌtar], ['ɧiŋkʉr]
bottom	bak (en)	['bak]

beauty mark	leverfläck (ett)	['lʲevərˌflɛk]
birthmark (café au lait spot)	födelsemärke (ett)	['fø:dəlʲsəˌmæ:rkə]
tattoo	tatuering (en)	[tatʉ'eriŋ]
scar	ärr (ett)	['ær]

63. Diseases

sickness	sjukdom (en)	['ɧʉːkˌdʉm]
to be sick	att vara sjuk	[at 'vara 'ɧʉːk]
health	hälsa, sundhet (en)	['hɛlʲsa], ['sundˌhet]
runny nose (coryza)	snuva (en)	['snʉːva]
tonsillitis	halsfluss, angina (en)	['halʲsˌflʉs], [aŋ'gina]
cold (illness)	förkylning (en)	[før'ɕylʲniŋ]
to catch a cold	att bli förkyld	[at bli før'ɕylʲd]
bronchitis	bronkit (en)	[broŋ'kit]
pneumonia	lunginflammation (en)	['lʉŋˌinflʲama'ɧʊn]
flu, influenza	influensa (en)	[inflʉ'ɛnsa]
nearsighted (adj)	närsynt	['næːˌsynt]
farsighted (adj)	långsynt	['lʲoŋˌsynt]
strabismus (crossed eyes)	skelögdhet (en)	['ɧelʲøgdˌhet]
cross-eyed (adj)	skelögd	['ɧelʲˌøgd]
cataract	grå starr (en)	['gro: 'star]
glaucoma	grön starr (en)	['grøːn 'star]
stroke	stroke (en), hjärnslag (ett)	['stroːk], ['jæːnˌslʲag]
heart attack	infarkt (en)	[in'farkt]
myocardial infarction	hjärtinfarkt (en)	['jæːt in'farkt]
paralysis	förlamning (en)	[fœ:'lʲamniŋ]
to paralyze (vt)	att förlama	[at fœ:'lʲama]
allergy	allergi (en)	[alʲer'gi]
asthma	astma (en)	['astma]
diabetes	diabetes (en)	[dia'betəs]
toothache	tandvärk (en)	['tandˌvæːrk]
caries	karies (en)	['karies]
diarrhea	diarré (en)	[dia're:]
constipation	förstoppning (en)	[fœ:'stopniŋ]
stomach upset	magbesvär (ett)	['magˌbe'svɛ:r]
food poisoning	matförgiftning (en)	['matˌfør'jiftniŋ]
to get food poisoning	att få matförgiftning	[at fo: 'matˌfør'jiftniŋ]
arthritis	artrit (en)	[a'ʈrit]
rickets	rakitis (en)	[ra'kitis]
rheumatism	reumatism (en)	[revma'tism]
atherosclerosis	åderförkalkning (en)	['oːdɛrførˌkalʲkniŋ]
gastritis	gastrit (en)	[ga'strit]
appendicitis	appendicit (en)	[apɛndi'sit]
cholecystitis	cholecystit (en)	[holəsys'tit]
ulcer	magsår (ett)	['magˌso:r]

measles	mässling (en)	['mɛsˌliŋ]
rubella (German measles)	röda hund (en)	['rø:da 'hund]
jaundice	gulsot (en)	['gʉ:lʲˌsʊt]
hepatitis	hepatit (en)	[hepa'tit]

schizophrenia	schizofreni (en)	[skitsɔfre'ni:]
rabies (hydrophobia)	rabies (en)	['rabies]
neurosis	neuros (en)	[nev'rɔs]
concussion	hjärnskakning (en)	['jæːɳˌskakniŋ]

cancer	cancer (en)	['kansər]
sclerosis	skleros (en)	[sklʲe'rɔs]
multiple sclerosis	multipel skleros (en)	[mʉlʲ'tipelʲ sklʲe'rɔs]

alcoholism	alkoholism (en)	[alʲkʊhɔ'lizm]
alcoholic (n)	alkoholist (en)	[alʲkʊhɔ'list]
syphilis	syfilis (en)	['syfilis]
AIDS	AIDS	['ɛjds]

tumor	tumör (en)	[tʉ'mø:r]
malignant (adj)	elakartad	['ɛlʲakˌaːʈad]
benign (adj)	godartad	['gʊdˌaːʈad]

fever	feber (en)	['febər]
malaria	malaria (en)	[ma'lʲaria]
gangrene	kallbrand (en)	['kalʲˌbrand]
seasickness	sjösjuka (en)	['ɧøːˌɧʉːka]
epilepsy	epilepsi (en)	[epilʲep'si:]

epidemic	epidemi (en)	[ɛpide'mi:]
typhus	tyfus (en)	['tyfʉs]
tuberculosis	tuberkulos (en)	[tʉbɛrkʉ'lʲɔs]
cholera	kolera (en)	['kʊlʲera]
plague (bubonic ~)	pest (en)	['pɛst]

64. Symptoms. Treatments. Part 1

symptom	symptom (ett)	[sʏmp'tɔm]
temperature	temperatur (en)	[tɛmpəra'tʉ:r]
high temperature (fever)	hög temperatur (en)	['høːg tɛmpəra'tʉ:r]
pulse	puls (en)	['pulʲs]

dizziness (vertigo)	yrsel, svindel (en)	['yːsəlʲ], ['svindəlʲ]
hot (adj)	varm	['varm]
shivering	rysning (en)	['rʏsniŋ]
pale (e.g., ~ face)	blek	['blʲek]

cough	hosta (en)	['hʊsta]
to cough (vi)	att hosta	[at 'hʊsta]
to sneeze (vi)	att nysa	[at 'nysa]

| faint | svimning (en) | ['svimniŋ] |
| to faint (vi) | att svimma | [at 'svima] |

bruise (hématome)	blåmärke (ett)	['blʲoːˌmæːrkə]
bump (lump)	bula (en)	['bʉːlʲa]
to bang (bump)	att slå sig	[at 'slʲoː sɛj]
contusion (bruise)	blåmärke (ett)	['blʲoːˌmæːrkə]
to get a bruise	att slå sig	[at 'slʲoː sɛj]

to limp (vi)	att halta	[at 'halʲta]
dislocation	vrickning (en)	['vrikniŋ]
to dislocate (vt)	att förvrida	[at før'vrida]
fracture	brott (ett), fraktur (en)	['brɔt], [frak'tʉːr]
to have a fracture	att få en fraktur	[at foː en frak'tʉːr]

cut (e.g., paper ~)	skärsår (ett)	['ɧæːˌsoːr]
to cut oneself	att skära sig	[at 'ɧæːra sɛj]
bleeding	blödning (en)	['blʲœdniŋ]

| burn (injury) | brännsår (ett) | ['brɛnˌsoːr] |
| to get burned | att bränna sig | [at 'brɛna sɛj] |

to prick (vt)	att sticka	[at 'stika]
to prick oneself	att sticka sig	[at 'stika sɛj]
to injure (vt)	att skada	[at 'skada]
injury	skada (en)	['skada]
wound	sår (ett)	['soːr]
trauma	trauma (en)	['travma]

to be delirious	att tala i feberyra	[at 'talʲa i 'febəryra]
to stutter (vi)	att stamma	[at 'stama]
sunstroke	solsting (ett)	['sʊlʲˌstiŋ]

65. Symptoms. Treatments. Part 2

| pain, ache | värk, smärta (en) | ['væːrk], ['smɛʈa] |
| splinter (in foot, etc.) | sticka (en) | ['stika] |

sweat (perspiration)	svett (en)	['svɛt]
to sweat (perspire)	att svettas	[at 'svɛtas]
vomiting	kräkning (en)	['krɛkniŋ]
convulsions	kramper (pl)	['krampər]

pregnant (adj)	gravid	[gra'vid]
to be born	att födas	[at 'føːdas]
delivery, labor	förlossning (en)	[fœː'lʲɔsniŋ]
to deliver (~ a baby)	att föda	[at 'føːda]
abortion	abort (en)	[a'bɔːt]
breathing, respiration	andning (en)	['andniŋ]
in-breath (inhalation)	inandning (en)	['inˌandniŋ]

out-breath (exhalation)	utandning (en)	['ʉtˌandniŋ]
to exhale (breathe out)	att andas ut	[at 'andas ʉt]
to inhale (vi)	att andas in	[at 'andas in]

disabled person	handikappad person (en)	['handiˌkapad pɛ'ʂʉn]
cripple	krympling (en)	['krʏmpliŋ]
drug addict	narkoman (en)	[narkʉ'man]

deaf (adj)	döv	['døːv]
mute (adj)	stum	['stuːm]
deaf mute (adj)	dövstum	['døːvˌstuːm]

mad, insane (adj)	mentalsjuk, galen	['mentalˈɧʉːk], ['galⁱen]
madman (demented person)	dåre, galning (en)	['doːrə], ['galⁱniŋ]
madwoman	dåre, galning (en)	['doːrə], ['galⁱniŋ]
to go insane	att bli sinnessjuk	[at bli 'sinɛsˌɧʉːk]

gene	gen (en)	['jen]
immunity	immunitet (en)	[imʉni'teːt]
hereditary (adj)	ärftlig	['æːrftlig]
congenital (adj)	medfödd	['medˌfœd]

virus	virus (ett)	['viːrʉs]
microbe	mikrob (en)	[mi'krɔb]
bacterium	bakterie (en)	[bak'teriə]
infection	infektion (en)	[infɛk'ɧʉn]

66. Symptoms. Treatments. Part 3

| hospital | sjukhus (ett) | ['ɧʉːkˌhʉs] |
| patient | patient (en) | [pasi'ent] |

diagnosis	diagnos (en)	[dia'gnɔs]
cure	kur (en)	['kʉːr]
medical treatment	behandling (en)	[be'handliŋ]
to get treatment	att bli behandlad	[at bli be'handlⁱad]
to treat (~ a patient)	att behandla	[at be'handlⁱa]
to nurse (look after)	att sköta	[at 'ɧøːta]
care (nursing ~)	vård (en)	['voːd]

operation, surgery	operation (en)	[ɔpera'ɧʉn]
to bandage (head, limb)	att förbinda	[at før'binda]
bandaging	förbindning (en)	[før'bindniŋ]

vaccination	vaccination (en)	[vaksina'ɧʉn]
to vaccinate (vt)	att vaksinera	[at vaksi'nera]
injection, shot	injektion (en)	[injɛk'ɧʉn]
to give an injection	att ge en spruta	[at jeː en 'sprʉta]
attack	anfall (ett), attack (en)	['anfalⁱ], [a'tak]

amputation	amputation (en)	[ampʉta'fjʊn]
to amputate (vt)	att amputera	[at ampʉ'tera]
coma	koma (ett)	['kɔma]
to be in a coma	att ligga i koma	[at 'liga i 'kɔma]
intensive care	intensivavdelning (en)	[intɛn'siv‚av'dɛlˠniŋ]
to recover (~ from flu)	att återhämta sig	[at 'oːter‚hɛmta sɛj]
condition (patient's ~)	tillstånd (ett)	['tilˠ‚stɔnd]
consciousness	medvetande (ett)	['med‚vetandə]
memory (faculty)	minne (ett)	['minə]
to pull out (tooth)	att dra ut	[at 'dra ʉt]
filling	plomb (en)	['plˠɔmb]
to fill (a tooth)	att plombera	[at plˠɔm'bera]
hypnosis	hypnos (en)	[hʏp'nɔs]
to hypnotize (vt)	att hypnotisera	[at 'hʏpnoti‚sera]

67. Medicine. Drugs. Accessories

medicine, drug	medicin (en)	[medi'sin]
remedy	medel (ett)	['medəlˠ]
to prescribe (vt)	att ordinera	[at oːdˠi'nera]
prescription	recept (ett)	[re'sɛpt]
tablet, pill	tablett (en)	[tab'lˠet]
ointment	salva (en)	['salˠva]
ampule	ampull (en)	[am'pulˠ]
mixture	mixtur (en)	[miks'tʉːr]
syrup	sirap (en)	['sirap]
pill	piller (ett)	['pilˠer]
powder	pulver (ett)	['pulˠvər]
gauze bandage	gasbinda (en)	['gas‚binda]
cotton wool	vadd (en)	['vad]
iodine	jod (en)	['jʊd]
Band-Aid	plåster (ett)	['plˠɔstər]
eyedropper	pipett (en)	[pi'pɛt]
thermometer	termometer (en)	[tɛrmʊ'metər]
syringe	spruta (en)	['sprʉta]
wheelchair	rullstol (en)	['rʉlˠ‚stʊlˠ]
crutches	kryckor (pl)	['krʏkʊr]
painkiller	smärtstillande medel (ett)	['smæːt‚stilˠande 'medəlˠ]
laxative	laxermedel (ett)	['lˠaksər 'medəlˠ]
spirits (ethanol)	sprit (en)	['sprit]
medicinal herbs	läkeväxter (pl)	['lˠɛkə‚vɛkstər]
herbal (~ tea)	ört-	['øːt-]

APARTMENT

T&P Books Publishing

68. Apartment

apartment	lägenhet (en)	['lʲeːgənˌheːt]
room	rum (ett)	['ruːm]
bedroom	sovrum (ett)	['sɔvˌrum]
dining room	matsal (en)	['matsalʲ]
living room	vardagsrum (ett)	['vaːd̪asˌrum]
study (home office)	arbetsrum (ett)	['arbetsˌrum]
entry room	entréhall (en)	[ɛntreːhalʲ]
bathroom (room with a bath or shower)	badrum (ett)	['badˌruːm]
half bath	toalett (en)	[tʊa'lʲet]
ceiling	tak (ett)	['tak]
floor	golv (ett)	['gɔlʲv]
corner	hörn (ett)	['høːŋ]

69. Furniture. Interior

furniture	möbel (en)	['møːbəlʲ]
table	bord (ett)	['buːd̪]
chair	stol (en)	['stʊlʲ]
bed	säng (en)	['sɛŋ]
couch, sofa	soffa (en)	['sɔfa]
armchair	fåtölj, länstol (en)	[fo:'tœlj], ['lɛnˌstʊlʲ]
bookcase	bokhylla (en)	['bʊkˌhylʲa]
shelf	hylla (en)	['hylʲa]
wardrobe	garderob (en)	[ga:də'rɔːb]
coat rack (wall-mounted ~)	knagg (en)	['knag]
coat stand	klädhängare (en)	['klʲɛdˌhɛŋarə]
bureau, dresser	byrå (en)	['byrɔ:]
coffee table	soffbord (ett)	['sɔfˌbuːd̪]
mirror	spegel (en)	['speːgəlʲ]
carpet	matta (en)	['mata]
rug, small carpet	liten matta (en)	['liːtən 'mata]
fireplace	kamin (en), eldstad (ett)	[ka'miːn], ['ɛlʲdˌstad]
candle	ljus (ett)	['jʉːs]
candlestick	ljusstake (en)	['jʉːsˌstakə]

drapes	**gardiner** (pl)	[ga:'ɖinər]
wallpaper	**tapet (en)**	[ta'pet]
blinds (jalousie)	**persienn (en)**	[pɛ'sjen]

table lamp	**bordslampa (en)**	['bʊ:ɖs‚lʲampa]
wall lamp (sconce)	**vägglampa (en)**	['vɛg‚lʲampa]
floor lamp	**golvlampa (en)**	['gɔlʲv‚lʲampa]
chandelier	**ljuskrona (en)**	['jʉ:s‚krʊna]

leg (of chair, table)	**ben (ett)**	['be:n]
armrest	**armstöd (ett)**	['arm‚stø:d]
back (backrest)	**rygg (en)**	['rʏg]
drawer	**låda (en)**	['lʲo:da]

70. Bedding

bedclothes	**sängkläder** (pl)	['sɛŋ‚klʲɛ:dər]
pillow	**kudde (en)**	['kudə]
pillowcase	**örngott (ett)**	['ø:r‚gɔt]
duvet, comforter	**duntäcke (ett)**	['dʉ:n‚tɛkə]
sheet	**lakan (ett)**	['lʲakan]
bedspread	**överkast (ett)**	['ø:və‚kast]

71. Kitchen

kitchen	**kök (ett)**	['ɕø:k]
gas	**gas (en)**	['gas]
gas stove (range)	**gasspis (en)**	['gas‚spis]
electric stove	**elektrisk spis (en)**	[ɛ'lʲektrisk ‚spis]
oven	**bakugn (en)**	['bak‚ugn]
microwave oven	**mikrovågsugn (en)**	['mikrʊvɔgs‚ugn]

refrigerator	**kylskåp (ett)**	['ɕylʲ‚sko:p]
freezer	**frys (en)**	['frys]
dishwasher	**diskmaskin (en)**	['disk‚ma'ɧi:n]

meat grinder	**köttkvarn (en)**	['ɕœt‚kva:ɳ]
juicer	**juicepress (en)**	['ju:s‚prɛs]
toaster	**brödrost (en)**	['brø:d‚rɔst]
mixer	**mixer (en)**	['miksər]

coffee machine	**kaffebryggare (en)**	['kafə‚brʏgarə]
coffee pot	**kaffekanna (en)**	['kafə‚kana]
coffee grinder	**kaffekvarn (en)**	['kafə‚kva:ɳ]

kettle	**tekittel (en)**	['te‚ɕitəlʲ]
teapot	**tekanna (en)**	['te‚kana]
lid	**lock (ett)**	['lʲɔk]

tea strainer	tesil (en)	['te͵silʲ]
spoon	sked (en)	['ɧed]
teaspoon	tesked (en)	['te͵ɧed]
soup spoon	matsked (en)	['mat͵ɧed]
fork	gaffel (en)	['gafəlʲ]
knife	kniv (en)	['kniv]

tableware (dishes)	servis (en)	[sɛr'vis]
plate (dinner ~)	tallrik (en)	['talʲrik]
saucer	tefat (ett)	['te͵fat]

shot glass	shotglas (ett)	['ʃot͵glʲas]
glass (tumbler)	glas (ett)	['glʲas]
cup	kopp (en)	['kop]

sugar bowl	sockerskål (en)	['sɔkə:͵sko:lʲ]
salt shaker	saltskål (en)	['salʲt͵sko:lʲ]
pepper shaker	pepparskål (en)	['pɛpa͵sko:lʲ]
butter dish	smörfat (en)	['smœr͵fat]

stock pot (soup pot)	kastrull, gryta (en)	[ka'strulʲ], ['gryta]
frying pan (skillet)	stekpanna (en)	['stek͵pana]
ladle	slev (en)	['slʲev]
colander	durkslag (ett)	['durk͵slʲag]
tray (serving ~)	bricka (en)	['brika]

bottle	flaska (en)	['flʲaska]
jar (glass)	glasburk (en)	['glʲas͵burk]
can	burk (en)	['burk]

bottle opener	flasköppnare (en)	['flʲask͵øpnarə]
can opener	burköppnare (en)	['burk͵øpnarə]
corkscrew	korkskruv (en)	['kɔrk͵skrʉ:v]
filter	filter (ett)	['filʲtər]
to filter (vt)	att filtrera	[at filʲ'trera]

| trash, garbage (food waste, etc.) | sopor, avfall (ett) | ['sʉpʊr], ['avfalʲ] |
| trash can (kitchen ~) | sophink (en) | ['sʉp͵hiŋk] |

72. Bathroom

bathroom	badrum (ett)	['bad͵ru:m]
water	vatten (ett)	['vatən]
faucet	kran (en)	['kran]
hot water	varmvatten (ett)	['varm͵vatən]
cold water	kallvatten (ett)	['kalʲ͵vatən]

| toothpaste | tandkräm (en) | ['tand͵krɛm] |
| to brush one's teeth | att borsta tänderna | [at 'bɔ:ʂta 'tɛndɛ:ɳa] |

toothbrush	tandborste (en)	['tand͵bɔːʂtə]
to shave (vi)	att raka sig	[at 'raka sɛj]
shaving foam	raklödder (ett)	['rak͵lʲødər]
razor	hyvel (en)	['hyvəlʲ]

to wash (one's hands, etc.)	att tvätta	[at 'tvæta]
to take a bath	att tvätta sig	[at 'tvæta sɛj]
shower	dusch (en)	['duʃ]
to take a shower	att duscha	[at 'duʃa]

bathtub	badkar (ett)	['bad͵kar]
toilet (toilet bowl)	toalettstol (en)	[tʊa'lʲet͵stʊlʲ]
sink (washbasin)	handfat (ett)	['hand͵fat]

| soap | tvål (en) | ['tvoːlʲ] |
| soap dish | tvålskål (en) | ['tvoːlʲ͵skoːlʲ] |

sponge	svamp (en)	['svamp]
shampoo	schampo (ett)	['ʃam͵pʊ]
towel	handduk (en)	['hand͵duːk]
bathrobe	morgonrock (en)	['mɔrgɔn͵rɔk]

laundry (process)	tvätt (en)	['tvæt]
washing machine	tvättmaskin (en)	['tvæt͵ma'ʃiːn]
to do the laundry	att tvätta kläder	[at 'tvæta 'klʲɛːdər]
laundry detergent	tvättmedel (ett)	['tvæt͵medəlʲ]

73. Household appliances

TV set	teve (en)	['teve]
tape recorder	bandspelare (en)	['band͵spelʲarə]
VCR (video recorder)	video (en)	['videʊ]
radio	radio (en)	['radiʊ]
player (CD, MP3, etc.)	spelare (en)	['spelʲarə]

video projector	videoprojektor (en)	['videʊ prʊ'jɛktʊr]
home movie theater	hemmabio (en)	['hɛma͵biːʊ]
DVD player	DVD spelare (en)	[deve'de: ͵spelʲarə]
amplifier	förstärkare (en)	[fœː'ʂtæːkarə]
video game console	spelkonsol (en)	['spelʲ kɔn'sɔlʲ]

video camera	videokamera (en)	['videʊ͵kamera]
camera (photo)	kamera (en)	['kamera]
digital camera	digitalkamera (en)	[digi'talʲ ͵kamera]

vacuum cleaner	dammsugare (en)	['dam͵sʉgarə]
iron (e.g., steam ~)	strykjärn (ett)	['stryk͵jæːɳ]
ironing board	strykbräda (en)	['stryk͵brɛːda]
telephone	telefon (en)	[telʲe'fɔn]
cell phone	mobiltelefon (en)	[mɔ'bilʲ telʲe'fɔn]

typewriter	**skrivmaskin (en)**	['skriv͵ma'ɧi:n]
sewing machine	**symaskin (en)**	['sy͵ma'ɧi:n]
microphone	**mikrofon (en)**	[mikrʊ'fɔn]
headphones	**hörlurar** (pl)	['hœ:͵l̪ʉ:rar]
remote control (TV)	**fjärrkontroll (en)**	['fjæ:r͵kɔn'trolʲ]
CD, compact disc	**cd-skiva (en)**	['sede ͵ɧiva]
cassette, tape	**kassett (en)**	[ka'sɛt]
vinyl record	**skiva (en)**	['ɧiva]

THE EARTH. WEATHER

T&P Books Publishing

space	rymden, kosmos (ett)	[rʏmden], ['kɔsmɔs]
space (as adj)	rymd-	['rʏmd-]
outer space	yttre rymd (en)	['ytrə ˌrʏmd]
world	värld (en)	['væːɖ]
universe	universum (ett)	[uni'vɛːʂum]
galaxy	galax (en)	[ga'lʲaks]
star	stjärna (en)	['ɧæːɳa]
constellation	stjärnbild (en)	['ɧæːn̪ˌbilʲd]
planet	planet (en)	[plʲa'net]
satellite	satellit (en)	[satɛ'liːt]
meteorite	meteorit (en)	[meteʊ'rit]
comet	komet (en)	[kʊ'met]
asteroid	asteroid (en)	[asterʊ'id]
orbit	bana (en)	['bana]
to revolve (~ around the Earth)	att rotera	[at rʊ'tera]
atmosphere	atmosfär (en)	[atmʊ'sfæːr]
the Sun	Solen	['sʊlʲən]
solar system	solsystem (ett)	['sʊlʲ ˌsʏ'stem]
solar eclipse	solförmörkelse (en)	['sʊlʲførˈmœːrkəlʲsə]
the Earth	Jorden	['jʊːɖən]
the Moon	Månen	['moːnən]
Mars	Mars	['maːʂ]
Venus	Venus	['veːnus]
Jupiter	Jupiter	['jupitər]
Saturn	Saturnus	[sa'tuːɳus]
Mercury	Merkurius	[mɛr'kʉrius]
Uranus	Uranus	[ʉ'ranus]
Neptune	Neptunus	[nep'tʉnus]
Pluto	Pluto	['plʉtʊ]
Milky Way	Vintergatan	['vintəˌgatan]
Great Bear (Ursa Major)	Stora bjornen	['stʊra 'bjuːɳən]
North Star	Polstjärnan	['pʊlʲˌɧæːɳan]
Martian	marsian (en)	[maːʂi'an]
extraterrestrial (n)	utomjording (en)	['ʉtɔmˌjʊːdɨsk]

| alien | rymdväsen (ett) | ['rʏmd‚vɛsən] |
| flying saucer | flygande tefat (ett) | ['flʲygandə 'tefat] |

spaceship	rymdskepp (ett)	['rʏmd‚ɧɛp]
space station	rymdstation (en)	['rʏmd sta'ɧʊn]
blast-off	start (en)	['sta:t]

engine	motor (en)	['mʊtʊr]
nozzle	dysa (en)	['dysa]
fuel	bränsle (ett)	['brɛnslʲe]

cockpit, flight deck	cockpit, flygdäck (en)	['kɔkpit], ['flʏg‚dɛk]
antenna	antenn (en)	[an'tɛn]
porthole	fönster (ett)	['fœnstər]
solar panel	solbatteri (ett)	['sʊlʲ‚batɛ'ri:]
spacesuit	rymddräkt (en)	['rʏmd‚drɛkt]

| weightlessness | tyngdlöshet (en) | ['tʏŋdlʲøs‚het] |
| oxygen | syre, oxygen (ett) | ['syrə], ['oksygən] |

| docking (in space) | dockning (en) | ['dɔkniŋ] |
| to dock (vi, vt) | att docka | [at 'dɔka] |

observatory	observatorium (ett)	[ɔbsɛrva'tʊrium]
telescope	teleskop (ett)	[telʲe'skɔp]
to observe (vt)	att observera	[at ɔbsɛr'vera]
to explore (vt)	att utforska	[at 'ʉt‚fɔ:ʂka]

75. The Earth

the Earth	Jorden	['jʊ:dən]
the globe (the Earth)	jordklot (ett)	['jʊ:d‚klʲʊt]
planet	planet (en)	[plʲa'net]

atmosphere	atmosfär (en)	[atmʊ'sfæ:r]
geography	geografi (en)	[jeʊgra'fi:]
nature	natur (en)	[na'tʉ:r]

globe (table ~)	glob (en)	['glʲʊb]
map	karta (en)	['ka:ʈa]
atlas	atlas (en)	['atlʲas]

Europe	Europa	[eu'rʊpa]
Asia	Asien	['asiən]
Africa	Afrika	['afrika]
Australia	Australien	[au'straliən]

America	Amerika	[a'merika]
North America	Nordamerika	['nʊ:d a'merika]
South America	Sydamerika	['syd a'merika]

| Antarctica | Antarktis | [an'tarktis] |
| the Arctic | Arktis | ['arktis] |

76. Cardinal directions

north	norr	['nɔr]
to the north	norrut	['nɔrʉt]
in the north	i norr	[i 'nɔr]
northern (adj)	nordlig	['nʊ:dlig]

south	söder (en)	['sø:dər]
to the south	söderut	['sø:dərʉt]
in the south	i söder	[i 'sø:dər]
southern (adj)	syd-, söder	['syd-], ['sø:dər]

west	väster (en)	['vɛstər]
to the west	västerut	['vɛstərʉt]
in the west	i väst	[i vɛst]
western (adj)	västra	['vɛstra]

east	öster (en)	['œstər]
to the east	österut	['œstərʉt]
in the east	i öst	[i 'œst]
eastern (adj)	östra	['œstra]

77. Sea. Ocean

sea	hav (ett)	['hav]
ocean	ocean (en)	[ʊsə'an]
gulf (bay)	bukt (en)	['bukt]
straits	sund (ett)	['sund]

land (solid ground)	fastland (ett)	['fast‚lʲand]
continent (mainland)	fastland (ett), kontinent (en)	['fast‚lʲand], [kɔnti'nɛnt]
island	ö (en)	['ø:]
peninsula	halvö (en)	['halʲv‚ø:]
archipelago	skärgård, arkipelag (en)	['ɧæ:r‚gɔ:d], [arkipe'lʲag]

bay, cove	bukt (en)	['bukt]
harbor	hamn (en)	['hamn]
lagoon	lagun (en)	[lʲa'gu:n]
cape	udde (en)	['udə]

atoll	atoll (en)	[a'tɔlʲ]
reef	rev (ett)	['rev]
coral	korall (en)	[kɔ'ralʲ]
coral reef	korallrev (ett)	[kɔ'ralʲ‚rev]

deep (adj)	djup	['jɵːp]
depth (deep water)	djup (ett)	['jɵːp]
abyss	avgrund (en)	['av‚grʉnd]
trench (e.g., Mariana ~)	djuphavsgrav (en)	['jɵːphavs‚grav]

| current (Ocean ~) | ström (en) | ['strøːm] |
| to surround (bathe) | att omge | [at 'ɔmje] |

| shore | kust (en) | ['kust] |
| coast | kust (en) | ['kust] |

flow (flood tide)	flod (en)	['flʲʊd]
ebb (ebb tide)	ebb (en)	['ɛb]
shoal	sandbank (en)	['sand‚baŋk]
bottom (~ of the sea)	botten (en)	['bɔtən]

wave	våg (en)	['voːg]
crest (~ of a wave)	vågkam (en)	['voːg‚kam]
spume (sea foam)	skum (ett)	['skum]

storm (sea storm)	storm (en)	['stɔrm]
hurricane	orkan (en)	[ɔr'kan]
tsunami	tsunami (en)	[tsu'nami]
calm (dead ~)	stiltje (en)	['stilʲtjə]
quiet, calm (adj)	stilla	['stilʲa]

| pole | pol (en) | ['pʊlʲ] |
| polar (adj) | pol-, polar- | ['pʊlʲ-], [pʊ'lʲar-] |

latitude	latitud (en)	[lʲati'tɵːd]
longitude	longitud (en)	[lʲɔŋi'tɵːd]
parallel	breddgrad (en)	['brɛd‚grad]
equator	ekvator (en)	[ɛ'kvatʊr]

sky	himmel (en)	['himəlʲ]
horizon	horisont (en)	[hʊri'sɔnt]
air	luft (en)	['lʉft]

lighthouse	fyr (en)	['fyr]
to dive (vi)	att dyka	[at 'dyka]
to sink (ab. boat)	att sjunka	[at 'ɧuŋka]
treasures	skatter (pl)	['skatər]

78. Seas' and Oceans' names

Atlantic Ocean	Atlanten	[at'lʲantən]
Indian Ocean	Indiska oceanen	['indiska ʊsə'anən]
Pacific Ocean	Stilla havet	['stilʲa 'havɛt]
Arctic Ocean	Norra ishavet	['nɔra ‚is'havɛt]
Black Sea	Svarta havet	['svaːʈa 'havɛt]

Red Sea	Röda havet	['rø:da 'havɛt]
Yellow Sea	Gula havet	['gʉ:lˠa 'havɛt]
White Sea	Vita havet	['vita 'havɛt]

Caspian Sea	Kaspiska havet	['kaspiska 'havɛt]
Dead Sea	Döda havet	['dø:da 'havɛt]
Mediterranean Sea	Medelhavet	['medəlˠˌhavɛt]

| Aegean Sea | Egeiska havet | [ɛ'gejska 'havɛt] |
| Adriatic Sea | Adriatiska havet | [adri'atiska 'havɛt] |

Arabian Sea	Arabiska havet	[a'rabiska 'havɛt]
Sea of Japan	Japanska havet	[ja'panska 'havɛt]
Bering Sea	Beringshavet	['beringsˌhavɛt]
South China Sea	Sydkinesiska havet	['sydɕiˌnesiska 'havɛt]

Coral Sea	Korallhavet	[kɔ'ralˠˌhavɛt]
Tasman Sea	Tasmanhavet	[tas'manˌhavɛt]
Caribbean Sea	Karibiska havet	[ka'ribiska 'havɛt]

| Barents Sea | Barentshavet | ['barɛntsˌhavɛt] |
| Kara Sea | Karahavet | ['karaˌhavɛt] |

North Sea	Nordsjön	['nʊːɖˌɧøː n]
Baltic Sea	Östersjön	['œstɛːˌɧøː n]
Norwegian Sea	Norska havet	['nɔːʂka 'havɛt]

79. Mountains

mountain	berg (ett)	['bɛrj]
mountain range	bergskedja (en)	['bɛrjˌɕedja]
mountain ridge	bergsrygg (en)	['bɛrjsˌrʏg]

summit, top	topp (en)	['top]
peak	tinne (en)	['tinə]
foot (~ of the mountain)	fot (en)	['fʊt]
slope (mountainside)	sluttning (en)	['slʉːtnin]

volcano	vulkan (en)	[vulˠ'kan]
active volcano	verksam vulkan (en)	['vɛrksam vulˠ'kan]
dormant volcano	slocknad vulkan (en)	['slˠɔknad vulˠ'kan]

eruption	utbrott (ett)	['ʉtˌbrɔt]
crater	krater (en)	['kratər]
magma	magma (en)	['magma]
lava	lava (en)	['lˠava]
molten (~ lava)	glödgad	['glˠœdgad]

| canyon | kanjon (en) | ['kanjɔn] |
| gorge | klyfta (en) | ['klˠʏfta] |

| crevice | skreva (en) | ['skreva] |
| abyss (chasm) | avgrund (en) | ['av‿grʉnd] |

pass, col	pass (ett)	['pas]
plateau	platå (en)	[plʲa'toː]
cliff	klippa (en)	['klipa]
hill	kulle, backe (en)	['kulʲə], ['bakə]

glacier	glaciär, jökel (en)	[glʲas'jæːr], ['jøːkəlʲ]
waterfall	vattenfall (ett)	['vatən‿falʲ]
geyser	gejser (en)	['gɛjsər]
lake	sjö (en)	['ɧøː]

plain	slätt (en)	['slʲæt]
landscape	landskap (ett)	['lʲan‿skap]
echo	eko (ett)	['ɛkʊ]

alpinist	alpinist (en)	['alʲpi‿nist]
rock climber	bergsbestigare (en)	['bɛrjs‿be'stigarə]
to conquer (in climbing)	att erövra	[at ɛ'rœvra]
climb (an easy ~)	bestigning (en)	[be'stigniŋ]

80. Mountains names

The Alps	Alperna	['alʲpɛːŋa]
Mont Blanc	Mont Blanc	[‿mɔn'blʲaŋ]
The Pyrenees	Pyrenéerna	[pyre'neæːŋa]

The Carpathians	Karpaterna	[kar'patɛːŋa]
The Ural Mountains	Uralbergen	[ʉ'ralʲ‿bɛrjən]
The Caucasus Mountains	Kaukasus	['kaukasus]
Mount Elbrus	Elbrus	['ɛlʲbrʉs]

The Altai Mountains	Altaj	[alʲ'taj]
The Tian Shan	Tian Shan	[ti'anʃan]
The Pamir Mountains	Pamir	[pa'mir]
The Himalayas	Himalaya	[hi'malʲaja]
Mount Everest	Everest	[ɛve'rɛst]

| The Andes | Anderna | ['andɛːŋa] |
| Mount Kilimanjaro | Kilimanjaro | [kiliman'jarʊ] |

81. Rivers

river	älv, flod (en)	['ɛlʲv], ['flʲʊd]
spring (natural source)	källa (en)	['ɕɛlʲa]
riverbed (river channel)	flodbädd (en)	['flʲʊd‿bɛd]
basin (river valley)	flodbassäng (en)	['flʲʊd‿ba'sɛŋ]

to flow into ...	**att mynna ut ...**	[at 'mʏna ʉt ...]
tributary	**biflod (en)**	['biˌflʲʊd]
bank (of river)	**strand (en)**	['strand]

current (stream)	**ström (en)**	['strø:m]
downstream (adv)	**nedströms**	['nɛdˌstrœms]
upstream (adv)	**motströms**	['mʉtˌstrœms]

inundation	**översvämning (en)**	['ø:vəˌsvɛmniŋ]
flooding	**flöde (ett)**	['flʲø:də]
to overflow (vi)	**att flöda över**	[at 'flʲø:da ˌø:vər]
to flood (vt)	**att översvämma**	[at 'ø:vəˌsvɛma]

shallow (shoal)	**grund (ett)**	['grʉnd]
rapids	**forsar** (pl)	[fo'ʂar]

dam	**damm (en)**	['dam]
canal	**kanal (en)**	[ka'nalʲ]
reservoir (artificial lake)	**reservoar (ett)**	[resɛrvʊ'a:r]
sluice, lock	**sluss (en)**	['slʉ:s]

water body (pond, etc.)	**vattensamling (en)**	['vatənˌsamliŋ]
swamp (marshland)	**myr, mosse (en)**	['myr], ['mʊsə]
bog, marsh	**gungfly (ett)**	['gʉŋˌfly]
whirlpool	**strömvirvel (en)**	['strø:mˌvirvəlʲ]

stream (brook)	**bäck (en)**	['bɛk]
drinking (ab. water)	**dricks-**	['driks-]
fresh (~ water)	**söt-, färsk-**	['sø:t-], ['fæːʂk-]

ice	**is (en)**	['is]
to freeze over	**att frysa till**	[at 'frysa tilʲ]
(ab. river, etc.)		

82. Rivers' names

Seine	**Seine**	['sɛ:n]
Loire	**Loire**	[lʲʊ'a:r]

Thames	**Themsen**	['tɛmsən]
Rhine	**Rhen**	['ren]
Danube	**Donau**	['dɔnaʊ]

Volga	**Volga**	['vɔlʲga]
Don	**Don**	['dɔn]
Lena	**Lena**	['lʲena]

Yellow River	**Hwang-ho**	[huaŋ'hʊ]
Yangtze	**Yangtze**	['jɑŋtsə]
Mekong	**Mekong**	[me'kɔŋ]

Ganges	**Ganges**	['gaŋǝs]
Nile River	**Nilen**	['nilʲen]
Congo River	**Kongo**	['kɔŋgʊ]
Okavango River	**Okavango**	[ɔka'vaŋgʊ]
Zambezi River	**Zambezi**	[sam'besi]
Limpopo River	**Limpopo**	[lim'pɔpɔ]
Mississippi River	**Mississippi**	[misi'sipi]

83. Forest

forest, wood	**skog (en)**	['skʊg]
forest (as adj)	**skogs-**	['skʊgs-]
thick forest	**tät skog (en)**	['tɛt ˌskʊg]
grove	**lund (en)**	['lʉnd]
forest clearing	**glänta (en)**	['glʲɛnta]
thicket	**snår (ett)**	['sno:r]
scrubland	**buskterräng (en)**	['busk tɛ'rɛŋ]
footpath (troddenpath)	**stig (en)**	['stig]
gully	**ravin (en)**	[ra'vin]
tree	**träd (ett)**	['trɛ:d]
leaf	**löv (ett)**	['lʲø:v]
leaves (foliage)	**löv, lövverk (ett)**	['lʲø:v], ['lʲø:værk]
fall of leaves	**lövfällning (en)**	['lʲø:vˌfɛlʲniŋ]
to fall (ab. leaves)	**att falla**	[at 'falʲa]
top (of the tree)	**trädtopp (en)**	['trɛ:ˌtɔp]
branch	**gren, kvist (en)**	['gren], ['kvist]
bough	**gren (en)**	['gren]
bud (on shrub, tree)	**knopp (en)**	['knɔp]
needle (of pine tree)	**nål (en)**	['no:lʲ]
pine cone	**kotte (en)**	['kɔtǝ]
hollow (in a tree)	**trädhål (ett)**	['trɛ:dˌho:lʲ]
nest	**bo (ett)**	['bʊ]
burrow (animal hole)	**lya, håla (en)**	['lʲya], ['ho:lʲa]
trunk	**stam (en)**	['stam]
root	**rot (en)**	['rʊt]
bark	**bark (en)**	['bark]
moss	**mossa (en)**	['mɔsa]
to uproot (remove trees or tree stumps)	**att rycka upp med rötterna**	[at 'rʏka up me 'rœttɛːŋa]
to chop down	**att fälla**	[at 'fɛlʲa]
to deforest (vt)	**att hugga ner**	[at 'huga ner]

tree stump	stubbe (en)	['stubə]
campfire	bål (ett)	['boːlʲ]
forest fire	skogsbrand (en)	['skʊgsˌbrand]
to extinguish (vt)	att släcka	[at 'slʲɛka]

forest ranger	skogsvakt (en)	['skʊgsˌvakt]
protection	värn, skydd (ett)	['væːn], [ɧyd]
to protect (~ nature)	att skydda	[at 'ɧyda]
poacher	tjuvskytt (en)	['ɕɵːvˌɧyt]
steel trap	sax (en)	['saks]

| to gather, to pick (vt) | att plocka | [at 'plʲɔka] |
| to lose one's way | att gå vilse | [at 'goː 'vilʲsə] |

84. Natural resources

natural resources	naturresurser (pl)	[naˈtɵːr reˈsɵrʂər]
minerals	mineraler (pl)	[mineˈralʲər]
deposits	fyndigheter (pl)	['fʏndiˌhetər]
field (e.g., oilfield)	fält (ett)	['fɛlʲt]

to mine (extract)	att utvinna	[at 'ɵtˌvina]
mining (extraction)	utvinning (en)	['ɵtˌviniŋ]
ore	malm (en)	['malʲm]
mine (e.g., for coal)	gruva (en)	['grɵva]
shaft (mine ~)	gruvschakt (ett)	['grɵːvˌɧakt]
miner	gruvarbetare (en)	['grɵːvˌarˈbetarə]

| gas (natural ~) | gas (en) | ['gas] |
| gas pipeline | gasledning (en) | ['gasˌlʲedniŋ] |

oil (petroleum)	olja (en)	['ɔlja]
oil pipeline	oljeledning (en)	['ɔljəˌlʲedniŋ]
oil well	oljekälla (en)	['ɔljəˌɕæla]
derrick (tower)	borrtorn (ett)	['bɔrˌtɵːn]
tanker	tankfartyg (ett)	['taŋkˌfaːˈtyg]

sand	sand (en)	['sand]
limestone	kalksten (en)	[kalʲkˌsten]
gravel	grus (ett)	['grɵːs]
peat	torv (en)	['tɔrv]
clay	lera (en)	['lʲera]
coal	kol (ett)	['kɔlʲ]

iron (ore)	järn (ett)	['jæːn]
gold	guld (ett)	['gulʲd]
silver	silver (ett)	['silʲvər]
nickel	nickel (en)	['nikəlʲ]
copper	koppar (en)	['kopar]
zinc	zink (en)	['siŋk]

manganese	mangan (en)	[maŋˈgan]
mercury	kvicksilver (ett)	[ˈkvikˌsilʲvər]
lead	bly (ett)	[ˈblʲy]

mineral	mineral (ett)	[minəˈralʲ]
crystal	kristall (en)	[kriˈstalʲ]
marble	marmor (en)	[ˈmarmʊr]
uranium	uran (ett)	[ʉˈran]

85. Weather

weather	väder (ett)	[ˈvɛːdər]
weather forecast	väderprognos (en)	[ˈvɛːdərˌprɔgˈnɔːs]
temperature	temperatur (en)	[tɛmpəraˈtʉːr]
thermometer	termometer (en)	[tɛrmʊˈmetər]
barometer	barometer (en)	[barʊˈmetər]

humid (adj)	fuktig	[ˈfuːktig]
humidity	fuktighet (en)	[ˈfuːktigˌhet]
heat (extreme ~)	hetta (en)	[ˈhɛta]
hot (torrid)	het	[ˈhet]
it's hot	det är hett	[dɛ æːr ˈhɛt]

| it's warm | det är varmt | [dɛ æːr varmt] |
| warm (moderately hot) | varm | [ˈvarm] |

| it's cold | det är kallt | [dɛ æːr ˈkalʲt] |
| cold (adj) | kall | [ˈkalʲ] |

sun	sol (en)	[ˈsʊlʲ]
to shine (vi)	att skina	[at ˈɧina]
sunny (day)	solig	[ˈsʊlig]
to come up (vi)	att gå upp	[at ˈgoː ˈup]
to set (vi)	att gå ner	[at ˈgoː ˌner]

cloud	moln (ett), sky (en)	[ˈmɔlʲn], [ˈɧy]
cloudy (adj)	molnig	[ˈmɔlʲnig]
rain cloud	regnmoln (ett)	[ˈrɛgnˌmɔlʲn]
somber (gloomy)	mörk, mulen	[ˈmœːrk], [ˈmʉːlʲen]

rain	regn (ett)	[ˈrɛgn]
it's raining	det regnar	[dɛ ˈrɛgnar]
rainy (~ day, weather)	regnväders-	[ˈrɛgnˌvɛdəʂ-]
to drizzle (vi)	att duggregna	[at ˈdugˌrɛgna]

pouring rain	hällande regn (ett)	[ˈhɛlʲandə ˈrɛgn]
downpour	spöregn (ett)	[ˈspøːˌrɛgn]
heavy (e.g., ~ rain)	kraftigt, häftigt	[ˈkraftigt], [ˈhɛftigt]
puddle	pöl, vattenpuss (en)	[ˈpøːlʲ], [ˈvatənˌpus]
to get wet (in rain)	att bli våt	[at bli ˈvoːt]

fog (mist)	dimma (en)	['dima]
foggy	dimmig	['dimig]
snow	snö (en)	['snø:]
it's snowing	det snöar	[dɛ 'snø:ar]

86. Severe weather. Natural disasters

thunderstorm	åskväder (ett)	['ɔskˌvɛdər]
lightning (~ strike)	blixt (en)	['blikst]
to flash (vi)	att blixtra	[at 'blikstra]
thunder	åska (en)	['ɔska]
to thunder (vi)	att åska	[at 'ɔska]
it's thundering	det åskar	[dɛ 'ɔskar]
hail	hagel (ett)	['hagəlʲ]
it's hailing	det haglar	[dɛ 'haglʲar]
to flood (vt)	att översvämma	[at 'ø:vəˌsvɛma]
flood, inundation	översvämning (en)	['ø:vəˌsvɛmniŋ]
earthquake	jordskalv (ett)	['juːdˌskalv]
tremor, quake	skalv (ett)	['skalʲv]
epicenter	epicentrum (ett)	[ɛpi'sɛntrum]
eruption	utbrott (ett)	['ʉtˌbrɔt]
lava	lava (en)	['lʲava]
twister	tromb (en)	['trɔmb]
tornado	tornado (en)	[tʊ'ɳadʊ]
typhoon	tyfon (en)	[ty'fɔn]
hurricane	orkan (en)	[ɔr'kan]
storm	storm (en)	['stɔrm]
tsunami	tsunami (en)	[tsu'nami]
cyclone	cyklon (en)	[tsʏ'klʲɔn]
bad weather	oväder (ett)	[ʊ'vɛːdər]
fire (accident)	brand (en)	['brand]
disaster	katastrof (en)	[kata'strɔf]
meteorite	meteorit (en)	[meteʊ'rit]
avalanche	lavin (en)	[lʲa'vin]
snowslide	snöskred, snöras (ett)	['snø:ˌskred], ['snø:ˌras]
blizzard	snöstorm (en)	['snø:ˌstɔrm]
snowstorm	snöstorm (en)	['snø:ˌstɔrm]

T&P BOOKS

FAUNA

T&P Books Publishing

87. Mammals. Predators

predator	**rovdjur (ett)**	['rʊvˌjɥ:r]
tiger	**tiger (en)**	['tigər]
lion	**lejon (ett)**	['lʲejɔn]
wolf	**ulv (en)**	['ulʲv]
fox	**räv (en)**	['rɛ:v]

jaguar	**jaguar (en)**	[jaguar]
leopard	**leopard (en)**	[lʲeʊ'pa:d]
cheetah	**gepard (en)**	[je'pa:d]

black panther	**panter (en)**	['pantər]
puma	**puma (en)**	['pʉma]
snow leopard	**snöleopard (en)**	['snø: lʲeʊ'pa:d]
lynx	**lodjur (ett), lo (en)**	['lʲʊˌjɥ:r], ['lʲʊ]

coyote	**koyot, prärievarg (en)**	[kɔ'jʊt], ['præ:rieˌvarj]
jackal	**sjakal (en)**	[ʂa'kalʲ]
hyena	**hyena (en)**	[hy'ena]

88. Wild animals

animal	**djur (ett)**	['jɥ:r]
beast (animal)	**best (en), djur (ett)**	['bɛst], ['jɥ:r]

squirrel	**ekorre (en)**	['ɛkɔrə]
hedgehog	**igelkott (en)**	['igəlʲˌkɔt]
hare	**hare (en)**	['harə]
rabbit	**kanin (en)**	[ka'nin]

badger	**grävling (en)**	['grɛvliŋ]
raccoon	**tvättbjörn (en)**	['tvætˌbjø:ŋ]
hamster	**hamster (en)**	['hamstər]
marmot	**murmeldjur (ett)**	['murməlʲˌjɥ:r]

mole	**mullvad (en)**	['mulʲˌvad]
mouse	**mus (en)**	['mʉ:s]
rat	**råtta (en)**	['rɔta]
bat	**fladdermus (en)**	['flʲadərˌmʉ:s]

ermine	**hermelin (en)**	[hɛrme'lin]
sable	**sobel (en)**	['sɔbəlʲ]
marten	**mård (en)**	['mo:d]

| weasel | vessla (en) | ['vɛslʲa] |
| mink | mink (en) | ['miŋk] |

| beaver | bäver (en) | ['bɛːvər] |
| otter | utter (en) | ['ʉːtər] |

horse	häst (en)	['hɛst]
moose	älg (en)	['ɛlj]
deer	hjort (en)	['jʉːt]
camel	kamel (en)	[ka'melʲ]

bison	bison (en)	['bisɔn]
aurochs	uroxe (en)	['ʉˌroksə]
buffalo	buffel (en)	['bufəlʲ]

zebra	sebra (en)	['sebra]
antelope	antilop (en)	[anti'lʲʊp]
roe deer	rådjur (ett)	['rɔːjʉːr]
fallow deer	dovhjort (en)	['dɔvˌjʉːt]
chamois	gems (en)	['jɛms]
wild boar	vildsvin (ett)	['vilʲdˌsvin]

whale	val (en)	['valʲ]
seal	säl (en)	['sɛːlʲ]
walrus	valross (en)	['valʲˌrɔs]
fur seal	pälssäl (en)	['pɛlʲsˌsɛlʲ]
dolphin	delfin (en)	[dɛlʲ'fin]

bear	björn (en)	['bjøːŋ]
polar bear	isbjörn (en)	['isˌbjøːŋ]
panda	panda (en)	['panda]

monkey	apa (en)	['apa]
chimpanzee	schimpans (en)	[ʃim'pans]
orangutan	orangutang (en)	[ʊ'raŋgʊˌtaŋ]
gorilla	gorilla (en)	[gɔ'rilʲa]
macaque	makak (en)	[ma'kak]
gibbon	gibbon (en)	[gi'bʊn]

| elephant | elefant (en) | [ɛlʲe'fant] |
| rhinoceros | noshörning (en) | ['nʊsˌhøːŋiŋ] |

| giraffe | giraff (en) | [ʃi'raf] |
| hippopotamus | flodhäst (en) | ['flʲʊdˌhɛst] |

| kangaroo | känguru (en) | ['ɕɛngurʊ] |
| koala (bear) | koala (en) | [kʊ'alʲa] |

mongoose	mangust, mungo (en)	['mangust], ['muŋgʊ]
chinchilla	chinchilla (en)	[ʃin'ʃilʲa]
skunk	skunk (en)	['skuŋk]
porcupine	piggsvin (ett)	['pigˌsvin]

89. Domestic animals

cat	katt (en)	['kat]
tomcat	hankatt (en)	['han͵kat]
dog	hund (en)	['hund]

horse	häst (en)	['hɛst]
stallion (male horse)	hingst (en)	['hiŋst]
mare	sto (ett)	['stʊ:]

cow	ko (en)	['kɔ:]
bull	tjur (en)	['ɕɵ:r]
ox	oxe (en)	['ʊksə]

sheep (ewe)	får (ett)	['fo:r]
ram	bagge (en)	['bagə]
goat	get (en)	['jet]
billy goat, he-goat	getabock (en)	['jeta͵bɔk]

| donkey | åsna (en) | ['ɔsna] |
| mule | mula (en) | ['mɵlʲa] |

pig, hog	svin (ett)	['svin]
piglet	griskulting (en)	['gris͵kulʲtiŋ]
rabbit	kanin (en)	[ka'nin]
hen (chicken)	höna (en)	['hø:na]
rooster	tupp (en)	['tup]

duck	anka (en)	['aŋka]
drake	andrik, andrake (en)	['andrik], ['andrakə]
goose	gås (en)	['go:s]

| tom turkey, gobbler | kalkontupp (en) | [kalʲ'kʊn͵tup] |
| turkey (hen) | kalkonhöna (en) | [kalʲ'kʊn͵hø:na] |

domestic animals	husdjur (pl)	['hɵsˌjɵ:r]
tame (e.g., ~ hamster)	tam	['tam]
to tame (vt)	att tämja	[at 'tɛmja]
to breed (vt)	att avla, att föda upp	[at 'avlʲa], [at 'fø:da up]

farm	farm, lantgård (en)	[farm], ['lʲant͵go:d]
poultry	fjäderfä (ett)	['fjɛ:dərˌfɛ:]
cattle	boskap (en)	['bʊskap]
herd (cattle)	hjord (en)	['jʊ:d]

stable	stall (ett)	['stalʲ]
pigpen	svinstia (en)	['svin͵stia]
cowshed	ladugård (en), kostall (ett)	['lʲadɵ͵go:d], ['kostalʲ]
rabbit hutch	kaninbur (en)	[ka'nin͵bɵ:r]
hen house	hönshus (ett)	['hø:ns͵hɵs]

90. Birds

bird	**fågel (en)**	['foːɡəlʲ]
pigeon	**duva (en)**	['dʉːva]
sparrow	**sparv (en)**	['sparv]
tit (great tit)	**talgoxe (en)**	['taljʉksə]
magpie	**skata (en)**	['skata]
raven	**korp (en)**	['kɔrp]
crow	**kråka (en)**	['kroːka]
jackdaw	**kaja (en)**	['kaja]
rook	**råka (en)**	['roːka]
duck	**anka (en)**	['aŋka]
goose	**gås (en)**	['ɡoːs]
pheasant	**fasan (en)**	[fa'san]
eagle	**örn (en)**	['øːɳ]
hawk	**hök (en)**	['høːk]
falcon	**falk (en)**	['falʲk]
vulture	**gam (en)**	['ɡam]
condor (Andean ~)	**kondor (en)**	['kɔnˌdor]
swan	**svan (en)**	['svan]
crane	**trana (en)**	['trana]
stork	**stork (en)**	['stɔrk]
parrot	**papegoja (en)**	[pape'ɡɔja]
hummingbird	**kolibri (en)**	['kɔlibri]
peacock	**påfågel (en)**	['poːˌfoːɡəlʲ]
ostrich	**struts (en)**	['struts]
heron	**häger (en)**	['hɛːɡər]
flamingo	**flamingo (en)**	[flʲa'mingɔ]
pelican	**pelikan (en)**	[peli'kan]
nightingale	**näktergal (en)**	['nɛktəˌɡalʲ]
swallow	**svala (en)**	['svalʲa]
thrush	**trast (en)**	['trast]
song thrush	**sångtrast (en)**	['sɔŋˌtrast]
blackbird	**koltrast (en)**	['kɔlʲˌtrast]
swift	**tornseglare, tornsvala (en)**	['tʉːɳˌseglarə], ['tʉːɳˌsvalʲa]
lark	**lärka (en)**	['lʲæːrka]
quail	**vaktel (en)**	['vaktəlʲ]
woodpecker	**hackspett (en)**	['hakˌspet]
cuckoo	**gök (en)**	['jøːk]
owl	**uggla (en)**	['uglʲa]

eagle owl	berguv (en)	['bɛrjˌʉːv]
wood grouse	tjäder (en)	['ɕɛːdər]
black grouse	orre (en)	['ɔrə]
partridge	rapphöna (en)	['rapˌhøːna]

starling	stare (en)	['starə]
canary	kanariefågel (en)	[ka'nariəˌfoːgəlʲ]
hazel grouse	järpe (en)	['jæːrpə]
chaffinch	bofink (en)	['bʊˌfiŋk]
bullfinch	domherre (en)	['dʊmhɛrə]

seagull	mås (en)	['moːs]
albatross	albatross (en)	['alʲbaˌtrɔs]
penguin	pingvin (en)	[piŋ'vin]

91. Fish. Marine animals

bream	brax (en)	['braks]
carp	karp (en)	['karp]
perch	ábborre (en)	['aborə]
catfish	mal (en)	['malʲ]
pike	gädda (en)	['jɛda]

| salmon | lax (en) | ['lʲaks] |
| sturgeon | stör (en) | ['støːr] |

herring	sill (en)	['silʲ]
Atlantic salmon	atlanterhavslax (en)	[at'lantərhavˌlʲaks]
mackerel	makrill (en)	['makrilʲ]
flatfish	rödspätta (en)	['røːdˌspæta]

zander, pike perch	gös (en)	['jøːs]
cod	torsk (en)	['tɔːʂk]
tuna	tonfisk (en)	['tʊnˌfisk]
trout	öring (en)	['øːriŋ]

eel	ål (en)	['oːlʲ]
electric ray	elektrisk rocka (en)	[ɛ'lʲektriskˌrɔka]
moray eel	muräna (en)	[mʉ'rɛna]
piranha	piraya (en)	[pi'raja]

shark	haj (en)	['haj]
dolphin	delfin (en)	[dɛlʲ'fin]
whale	val (en)	['valʲ]

crab	krabba (en)	['kraba]
jellyfish	manet, medusa (en)	[ma'net], [me'dʉsa]
octopus	bläckfisk (en)	['blʲɛkˌfisk]
starfish	sjöstjärna (en)	['ɧøːˌɧæːɳa]
sea urchin	sjöpiggsvin (ett)	['ɧøːˌpigsvin]

seahorse	sjöhäst (en)	['ɧøːˌhɛst]
oyster	ostron (ett)	['ʊstrʊn]
shrimp	räka (en)	['rɛːka]
lobster	hummer (en)	['humər]
spiny lobster	languster (en)	[lʲaŋ'gustər]

92. Amphibians. Reptiles

snake	orm (en)	['ʊrm]
venomous (snake)	giftig	['jiftig]
viper	huggorm (en)	['hʉgˌʊrm]
cobra	kobra (en)	['kobra]
python	pytonorm (en)	[py'tonˌʊrm]
boa	boaorm (en)	['bʊaˌʊrm]
grass snake	snok (en)	['snʊk]
rattle snake	skallerorm (en)	['skalʲerˌʊrm]
anaconda	anaconda (en)	[ana'kɔnda]
lizard	ödla (en)	['ødlʲa]
iguana	iguana (en)	[igu'ana]
monitor lizard	varan (en)	[va'ran]
salamander	salamander (en)	[salʲa'mandər]
chameleon	kameleont (en)	[kamelʲe'ɔnt]
scorpion	skorpion (en)	[skɔrpi'ʊn]
turtle	sköldpadda (en)	['ɧœlʲdˌpada]
frog	groda (en)	['grʊda]
toad	padda (en)	['pada]
crocodile	krokodil (en)	[krɔkɔ'dilʲ]

93. Insects

insect, bug	insekt (en)	['insɛkt]
butterfly	fjäril (en)	['fjæːrilʲ]
ant	myra (en)	['myra]
fly	fluga (en)	['flʉːga]
mosquito	mygga (en)	['mʏga]
beetle	skalbagge (en)	['skalʲˌbagə]
wasp	geting (en)	['jɛtiŋ]
bee	bi (ett)	['bi]
bumblebee	humla (en)	['humlʲa]
gadfly (botfly)	styngfluga (en)	['stʏŋˌflʉːga]
spider	spindel (en)	['spindəlʲ]
spiderweb	spindelnät (ett)	['spindəlˌnɛːt]

dragonfly	trollslända (en)	[ˈtrɔlˌslɛnda]
grasshopper	gräshoppa (en)	[ˈɡrɛsˌhɔpa]
moth (night butterfly)	nattfjäril (en)	[ˈnatˌfjæːrilʲ]
cockroach	kackerlacka (en)	[ˈkakɛːˌlʲaka]
tick	fästing (en)	[ˈfɛstiŋ]
flea	loppa (en)	[ˈlʲɔpa]
midge	knott (ett)	[ˈknot]
locust	vandringsgräs-hoppa (en)	[ˈvandriŋˌɡrɛs ˈhɔparə]
snail	snigel (en)	[ˈsnigəlʲ]
cricket	syrsa (en)	[ˈsyṣa]
lightning bug	lysmask (en)	[ˈlʲysˌmask]
ladybug	nyckelpiga (en)	[ˈnʏkəlʲˌpiga]
cockchafer	ollonborre (en)	[ˈɔlʲɔnˌbɔrə]
leech	igel (en)	[ˈiːɡəlʲ]
caterpillar	fjärilslarv (en)	[ˈfjæːrilʲsˌlʲarv]
earthworm	daggmask (en)	[ˈdagˌmask]
larva	larv (en)	[ˈlʲarv]

FLORA

T&P Books Publishing

94. Trees

tree	träd (ett)	['trɛːd]
deciduous (adj)	löv-	['lʲøːv-]
coniferous (adj)	barr-	['bar-]
evergreen (adj)	eviggrönt	['ɛviˌɡrœnt]
apple tree	äppelträd (ett)	['ɛpelʲˌtrɛd]
pear tree	päronträd (ett)	['pæːrɔnˌtrɛd]
sweet cherry tree	fågelbärsträd (ett)	['foːɡəlʲbæːʂˌtrɛd]
sour cherry tree	körsbärsträd (ett)	['ɕøːʂbæːʂˌtrɛd]
plum tree	plommonträd (ett)	['plʲʉmɔnˌtrɛd]
birch	björk (en)	['bjœrk]
oak	ek (en)	['ɛk]
linden tree	lind (en)	['lind]
aspen	asp (en)	['asp]
maple	lönn (en)	['lʲøn]
spruce	gran (en)	['ɡran]
pine	tall (en)	['talʲ]
larch	lärk (en)	['lʲæːrk]
fir tree	silvergran (en)	['silʲvərˌɡran]
cedar	ceder (en)	['sedər]
poplar	poppel (en)	['popəlʲ]
rowan	rönn (en)	['rœn]
willow	pil (en)	['pilʲ]
alder	al (en)	['alʲ]
beech	bok (en)	['bʊk]
elm	alm (en)	['alʲm]
ash (tree)	ask (en)	['ask]
chestnut	kastanjeträd (ett)	[ka'stanjəˌtrɛd]
magnolia	magnolia (en)	[maŋ'nʉlia]
palm tree	palm (en)	['palʲm]
cypress	cypress (en)	[sʏ'prɛs]
mangrove	mangroveträd (ett)	[maŋ'rɔvəˌtrɛd]
baobab	apbrödsträd (ett)	['apbrødsˌtrɛd]
eucalyptus	eukalyptus (en)	[euka'lʲyptʉs]
sequoia	sequoia (en)	[sek'vɔja]

95. Shrubs

bush	buske (en)	['buskə]
shrub	buske (en)	['buskə]
grapevine	vinranka (en)	['vin‚raŋka]
vineyard	vingård (en)	['vin‚go:d]
raspberry bush	hallonsnår (ett)	['halʲon‚sno:r]
blackcurrant bush	svarta vinbär (ett)	['sva:ʈa 'vinbæ:r]
redcurrant bush	röd vinbärsbuske (en)	['rø:d 'vinbæ:ʂ‚buskə]
gooseberry bush	krusbärsbuske (en)	['kru:sbæ:ʂ‚buskə]
acacia	akacia (en)	[a'kasia]
barberry	berberis (en)	['bɛrberis]
jasmine	jasmin (en)	[has'min]
juniper	en (en)	['en]
rosebush	rosenbuske (en)	['rʊsən‚buskə]
dog rose	stenros, hundros (en)	['stenrʊs], ['hundrʊs]

96. Fruits. Berries

fruit	frukt (en)	['frukt]
fruits	frukter (pl)	['fruktər]
apple	äpple (ett)	['ɛplʲe]
pear	päron (ett)	['pæ:rɔn]
plum	plommon (ett)	['plʲʊmɔn]
strawberry (garden ~)	jordgubbe (en)	['jʊ:d‚gubə]
sour cherry	körsbär (ett)	['ɕø:ʂ‚bæ:r]
sweet cherry	fågelbär (ett)	['fo:gəlʲ‚bæ:r]
grape	druva (en)	['dru:va]
raspberry	hallon (ett)	['halʲon]
blackcurrant	svarta vinbär (ett)	['sva:ʈa 'vinbæ:r]
redcurrant	röda vinbär (ett)	['rø:da 'vinbæ:r]
gooseberry	krusbär (ett)	['kru:s‚bæ:r]
cranberry	tranbär (ett)	['tran‚bæ:r]
orange	apelsin (en)	[apɛlʲ'sin]
mandarin	mandarin (en)	[manda'rin]
pineapple	ananas (en)	['ananas]
banana	banan (en)	['banan]
date	dadel (en)	['dadəlʲ]
lemon	citron (en)	[si'trʊn]
apricot	aprikos (en)	[apri'kʊs]
peach	persika (en)	['pɛʂika]

187

| kiwi | kiwi (en) | ['kivi] |
| grapefruit | grapefrukt (en) | ['grɛjpˌfrʉkt] |

berry	bär (ett)	['bæ:r]
berries	bär (pl)	['bæ:r]
cowberry	lingon (ett)	['liŋɔn]
wild strawberry	skogssmultron (ett)	['skʊgsˌsmulʲtrɔ:n]
bilberry	blåbär (ett)	['blʲo:ˌbæ:r]

97. Flowers. Plants

| flower | blomma (en) | ['blʲʊma] |
| bouquet (of flowers) | bukett (en) | [bʉ'kɛt] |

rose (flower)	ros (en)	['rʊs]
tulip	tulpan (en)	[tulʲ'pan]
carnation	nejlika (en)	['nɛjlika]
gladiolus	gladiolus (en)	[glʲadi'ɔlʉ:s]

cornflower	blåklint (en)	['blʲo:ˌklint]
harebell	blåklocka (en)	['blʲo:ˌklʲɔka]
dandelion	maskros (en)	['maskrʊs]
camomile	kamomill (en)	[kamɔ'milʲ]

aloe	aloe (en)	['alʲʊe]
cactus	kaktus (en)	['kaktus]
rubber plant, ficus	fikus (en)	['fikus]

lily	lilja (en)	['lilja]
geranium	geranium (en)	[je'ranium]
hyacinth	hyacint (en)	[hya'sint]

mimosa	mimosa (en)	[mi'mɔ:sa]
narcissus	narciss (en)	[nar'sis]
nasturtium	blomsterkrasse (en)	['blʲɔmstərˌkrasə]

orchid	orkidé (en)	[ɔrki'de:]
peony	pion (en)	[pi'ʊn]
violet	viol (en)	[vi'ʊlʲ]

pansy	styvmorsviol (en)	['styvmʊrs vi'ʊlʲ]
forget-me-not	förgätmigej (en)	[føˌrʲæt mi 'gej]
daisy	tusensköna (en)	['tʉːsənˌɧø:na]

poppy	vallmo (en)	['valʲmʊ]
hemp	hampa (en)	['hampa]
mint	mynta (en)	['mʏnta]

| lily of the valley | liljekonvalje (en) | ['lilje kʊn 'valjə] |
| snowdrop | snödropp (en) | ['snø:ˌdrop] |

nettle	**nässla (en)**	['nɛslʲa]
sorrel	**syra (en)**	['syra]
water lily	**näckros (en)**	['nɛkrʊs]
fern	**ormbunke (en)**	['ʊrm͵buŋkə]
lichen	**lav (en)**	['lʲav]
greenhouse (tropical ~)	**drivhus (ett)**	['driv͵hʉs]
lawn	**gräsplan, gräsmatta (en)**	['grɛs͵plan], ['grɛs͵mata]
flowerbed	**blomsterrabatt (en)**	['blʲomstər͵rabat]
plant	**växt (en)**	['vɛkst]
grass	**gräs (ett)**	['grɛ:s]
blade of grass	**grässtrå (ett)**	['grɛ:s͵stro:]
leaf	**löv (ett)**	['lʲø:v]
petal	**kronblad (ett)**	['kron͵blʲad]
stem	**stjälk (en)**	['ɧɛlʲk]
tuber	**rotknöl (en)**	['rʊt͵knø:lʲ]
young plant (shoot)	**ung planta (en)**	['uŋ 'planta]
thorn	**törne (ett)**	['tø:ŋə]
to blossom (vi)	**att blomma**	[at 'blʲʊma]
to fade, to wither	**att vissna**	[at 'visna]
smell (odor)	**lukt (en)**	['lʉkt]
to cut (flowers)	**att skära av**	[at 'ɧæ:ra av]
to pick (a flower)	**att plocka**	[at 'plʲɔka]

98. Cereals, grains

grain	**korn, spannmål (ett)**	['kʊ:ɳ], ['span͵mo:lʲ]
cereal crops	**spannmål (ett)**	['span͵mo:lʲ]
ear (of barley, etc.)	**ax (ett)**	['aks]
wheat	**vete (ett)**	['vetə]
rye	**råg (en)**	['ro:g]
oats	**havre (en)**	['havrə]
millet	**hirs (en)**	['hyʂ]
barley	**korn (ett)**	['kʊ:ɳ]
corn	**majs (en)**	['majs]
rice	**ris (ett)**	['ris]
buckwheat	**bovete (ett)**	['bʊ͵vetə]
pea plant	**ärt (en)**	['æ:t]
kidney bean	**böna (en)**	['bøna]
soy	**soja (en)**	['sɔja]
lentil	**lins (en)**	['lins]
beans (pulse crops)	**bönor** (pl)	['bønʊr]

T&P BOOKS

COUNTRIES OF
THE WORLD

T&P Books Publishing

Afghanistan	**Afghanistan**	[afˈgani͵stan]
Albania	**Albanien**	[alˈbaniən]
Argentina	**Argentina**	[argɛnˈtina]
Armenia	**Armenien**	[arˈmeniən]
Australia	**Australien**	[auˈstraliən]
Austria	**Österrike**	[ˈœstɛ͵rikə]
Azerbaijan	**Azerbajdzjan**	[asɛrbajˈdʒʲan]
The Bahamas	**Bahamas**	[baˈhamas]
Bangladesh	**Bangladesh**	[banglʲaˈdɛʃ]
Belarus	**Vitryssland**	[ˈvit͵rʏslʲand]
Belgium	**Belgien**	[ˈbɛlʲgiən]
Bolivia	**Bolivia**	[buˈlivia]
Bosnia and Herzegovina	**Bosnien-Hercegovina**	[ˈbɔsniən hɛrsəgɔˈvina]
Brazil	**Brasilien**	[braˈsiliən]
Bulgaria	**Bulgarien**	[bʉlʲˈgariən]
Cambodia	**Kambodja**	[kamˈbɔdja]
Canada	**Kanada**	[ˈkanada]
Chile	**Chile**	[ˈɕiːlʲe]
China	**Kina**	[ˈɕina]
Colombia	**Colombia**	[kɔˈlʲʉmbia]
Croatia	**Kroatien**	[krʊˈatiən]
Cuba	**Kuba**	[ˈkʉːba]
Cyprus	**Cypern**	[ˈsypɛːn̩]
Czech Republic	**Tjeckien**	[ˈɕɛkiən]
Denmark	**Danmark**	[ˈdaŋmark]
Dominican Republic	**Dominikanska republiken**	[dɔminiˈkanska repuˈblikən]
Ecuador	**Ecuador**	[ɛkvaˈdʊr]
Egypt	**Egypten**	[eˈjyptən]
England	**England**	[ˈɛŋlʲand]
Estonia	**Estland**	[ˈɛstlʲand]
Finland	**Finland**	[ˈfinlʲand]
France	**Frankrike**	[ˈfraŋkrikə]
French Polynesia	**Franska Polynesien**	[ˈfranska polʲyˈnesiən]
Georgia	**Georgien**	[jeˈɔrgiən]
Germany	**Tyskland**	[ˈtʏsklʲand]
Ghana	**Ghana**	[ˈgana]
Great Britain	**Storbritannien**	[ˈstʊr͵briˈtaniən]
Greece	**Grekland**	[ˈgreklʲand]
Haiti	**Haiti**	[haˈiti]
Hungary	**Ungern**	[ˈuŋɛːn̩]

100. Countries. Part 2

Iceland	**Island**	['island]
India	**Indien**	['indiən]
Indonesia	**Indonesien**	[indʊ'nesiən]
Iran	**Iran**	[i'ran]
Iraq	**Irak**	[i'rak]
Ireland	**Irland**	['iɭand]
Israel	**Israel**	['israəlʲ]
Italy	**Italien**	[i'taliən]
Jamaica	**Jamaica**	[ja'majka]
Japan	**Japan**	['japan]
Jordan	**Jordanien**	[jʊː'danien]
Kazakhstan	**Kazakstan**	[ka'sak‚stan]
Kenya	**Kenya**	['kenja]
Kirghizia	**Kirgizistan**	[kir'gisi‚stan]
Kuwait	**Kuwait**	[kʉ'vajt]
Laos	**Laos**	['lʲaɔs]
Latvia	**Lettland**	['lʲetlʲand]
Lebanon	**Libanon**	['libanɔn]
Libya	**Libyen**	['libiən]
Liechtenstein	**Liechtenstein**	['lihtənstajn]
Lithuania	**Litauen**	[li'tauən]
Luxembourg	**Luxemburg**	['lʉksəm‚burj]
Macedonia (Republic of ~)	**Makedonien**	[make'dʊniən]
Madagascar	**Madagaskar**	[mada'gaskar]
Malaysia	**Malaysia**	[ma'lʲajsia]
Malta	**Malta**	['malʲta]
Mexico	**Mexiko**	['mɛksikɔ]
Moldova, Moldavia	**Moldavien**	[mʊlʲ'daviən]
Monaco	**Monaco**	['mɔnakɔ]
Mongolia	**Mongoliet**	[mʊngʊ'liet]
Montenegro	**Montenegro**	['mɔntə‚nɛgrʊ]
Morocco	**Marocko**	[ma'rɔkʊ]
Myanmar	**Myanmar**	['mjanmar]
Namibia	**Namibia**	[na'mibia]
Nepal	**Nepal**	[ne'palʲ]
Netherlands	**Nederländerna**	['nedɛː‚lʲɛndɛːɳa]
New Zealand	**Nya Zeeland**	['nya 'seːlʲand]
North Korea	**Nordkorea**	['nʊːd̪ kʉ'rea]
Norway	**Norge**	['nɔrjə]

101. Countries. Part 3

Pakistan	**Pakistan**	['paki‚stan]
Palestine	**Palestina**	[palʲe'stina]

Panama	**Panama**	['panama]
Paraguay	**Paraguay**	[parag'waj]
Peru	**Peru**	[pɛ'rʉ]
Poland	**Polen**	['polʲen]
Portugal	**Portugal**	['pɔ:tugalʲ]
Romania	**Rumänien**	[rʉ'mɛ:niən]
Russia	**Ryssland**	['rʏslʲand]
Saudi Arabia	**Saudiarabien**	['saudi a'rabiən]
Scotland	**Skottland**	['skɔtlʲand]
Senegal	**Senegal**	[sene'galʲ]
Serbia	**Serbien**	['sɛrbiən]
Slovakia	**Slovakien**	[slʲɔ'vakiən]
Slovenia	**Slovenien**	[slʲɔ'veniən]
South Africa	**Republiken Sydafrika**	[repu'bliken 'syd‚afrika]
South Korea	**Sydkorea**	['syd‚kʊ'rea]
Spain	**Spanien**	['spaniən]
Suriname	**Surinam**	['sʉri‚nam]
Sweden	**Sverige**	['svɛrijə]
Switzerland	**Schweiz**	['ʃvɛjts]
Syria	**Syrien**	['syriən]
Taiwan	**Taiwan**	[taj'van]
Tajikistan	**Tadzjikistan**	[ta'dʒiki‚stan]
Tanzania	**Tanzania**	[tansa'nija]
Tasmania	**Tasmanien**	[tas'maniən]
Thailand	**Thailand**	['tajlʲand]
Tunisia	**Tunisien**	[tʉ'nisiən]
Turkey	**Turkiet**	[turkiet]
Turkmenistan	**Turkmenistan**	[turk'meni‚stan]
Ukraine	**Ukraina**	[u'krajna]
United Arab Emirates	**Förenade arabrepubliken**	[fø'renadə a'rab repub'likən]
United States of America	**Amerikas Förenta Stater**	[a'mɛrikas fø'rɛnta 'statər]
Uruguay	**Uruguay**	[ʉrug'waj]
Uzbekistan	**Uzbekistan**	[us'beki‚stan]
Vatican	**Vatikanstaten**	[vati'kan‚statən]
Venezuela	**Venezuela**	[venesu'ɛlʲa]
Vietnam	**Vietnam**	['vjɛtnam]
Zanzibar	**Zanzibar**	['sansibar]

GASTRONOMIC GLOSSARY

This section contains a lot of words and terms associated with food. This dictionary will make it easier for you to understand the menu at a restaurant and choose the right dish

T&P Books Publishing

English-Swedish gastronomic glossary

aftertaste	bismak (en)	['bismak]
almond	mandel (en)	['mandəlʲ]
anise	anis (en)	['anis]
aperitif	aperitif (en)	[aperi'tif]
appetite	aptit (en)	['aptit]
appetizer	förrätt (en)	['fœ:ræt]
apple	äpple (ett)	['ɛplʲe]
apricot	aprikos (en)	[apri'kʊs]
artichoke	kronärtskocka (en)	['krʊnæːtˌskɔka]
asparagus	sparris (en)	['sparis]
Atlantic salmon	atlanterhavslax (en)	[at'lantərhavˌlʲaks]
avocado	avokado (en)	[avɔ'kadʊ]
bacon	bacon (ett)	['bɛjkɔn]
banana	banan (en)	['banan]
barley	korn (ett)	['kʊːn]
bartender	bartender (en)	['baːˌtɛndər]
basil	basilika (en)	[ba'silika]
bay leaf	lagerblad (ett)	['lʲagərˌblʲad]
beans	bönor (pl)	['bønʊr]
beef	oxkött, nötkött (ett)	['ʊksˌɕœt], ['nøːtˌɕœt]
beer	öl (ett)	['øːlʲ]
beetroot	rödbeta (en)	['røːdˌbeta]
bell pepper	peppar (en)	['pɛpar]
berries	bär (pl)	['bæːr]
berry	bär (ett)	['bæːr]
bilberry	blåbär (ett)	['blʲɔːˌbæːr]
birch bolete	björksopp (en)	['bjœrkˌsɔp]
bitter	bitter	['bitər]
black coffee	svart kaffe (ett)	['svaːʈ 'kafə]
black pepper	svartpeppar (en)	['svaːʈˌpɛpar]
black tea	svart te (ett)	['svaːʈ ˌteː]
blackberry	björnbär (ett)	['bjøːɳˌbæːr]
blackcurrant	svarta vinbär (ett)	['svaːʈa 'vinbæːr]
boiled	kokt	['kʊkt]
bottle opener	flasköppnare (en)	['flʲaskˌøpnarə]
bread	bröd (ett)	['brøːd]
breakfast	frukost (en)	['fruːkɔst]
bream	brax (en)	['braks]
broccoli	broccoli (en)	['brɔkɔli]
Brussels sprouts	brysselkål (en)	['brʏsɛlʲˌkoːlʲ]
buckwheat	bovete (ett)	['bʊˌvetə]
butter	smör (ett)	['smœːr]
buttercream	kräm (en)	['krɛm]
cabbage	kål (en)	['koːlʲ]

cake	kaka, bakelse (en)	['kaka], ['bakəlʲsə]
cake	tårta (en)	['to:ʈa]
calorie	kalori (en)	[kalʲo'ri:]
can opener	burköppnare (en)	['burkˌøpnarə]
candy	konfekt, karamell (en)	[kɔn'fɛkt], [kara'mɛlʲ]
canned food	konserv (en)	[kɔn'sɛrv]
cappuccino	cappuccino (en)	['kaputʃinʊ]
caraway	kummin (en)	['kumin]
carbohydrates	kolhydrater (pl)	['kolʲhɤˌdratər]
carbonated	kolsyrat	['kolʲˌsyrat]
carp	karp (en)	['karp]
carrot	morot (en)	['mʊˌrʊt]
catfish	mal (en)	['malʲ]
cauliflower	blomkål (en)	['blʲʊmˌko:lʲ]
caviar	kaviar (en)	['kavˌjar]
celery	selleri (en)	['sɛlʲeri]
cep	stensopp (en)	['stenˌsɔp]
cereal crops	spannmål (ett)	['spanˌmo:lʲ]
cereal grains	gryn (en)	['gryn]
champagne	champagne (en)	[ɧam'panʲ]
chanterelle	kantarell (en)	[kanta'rɛlʲ]
check	nota (en)	['nʊta]
cheese	ost (en)	['ʊst]
chewing gum	tuggummi (ett)	['tugˌgumi]
chicken	höna (en)	['hø:na]
chocolate	choklad (en)	[ʃɔk'lʲad]
chocolate	choklad-	[ʃɔk'lʲad-]
cinnamon	kanel (en)	[ka'nelʲ]
clear soup	buljong (en)	[bu'ljɔŋ]
cloves	nejlika (en)	['nɛjlika]
cocktail	cocktail (en)	['kɔktɛjlʲ]
coconut	kokosnöt (en)	['kʊkʊsˌnø:t]
cod	torsk (en)	['tɔ:ʂk]
coffee	kaffe (ett)	['kafə]
coffee with milk	kaffe med mjölk (ett)	['kafə me mjœlʲk]
cognac	konjak (en)	['konʲak]
cold	kall	['kalʲ]
condensed milk	kondenserad mjölk (en)	[kɔndɛn'serad ˌmjœlʲk]
condiment	krydda (en)	['krɤda]
confectionery	konditorivaror (pl)	[kɔnditu'ri:ˌvarʊr]
cookies	småkakor (pl)	['smo:kakʊr]
coriander	koriander (en)	[kɔri'andər]
corkscrew	korkskruv (en)	['kɔrkˌskrʉ:v]
corn	majs (en)	['majs]
corn	majs (en)	['majs]
cornflakes	cornflakes (pl)	['kɔ:nˌflɛjks]
course, dish	rätt (en)	['ræt]
cowberry	lingon (ett)	['liŋɔn]
crab	krabba (en)	['kraba]
cranberry	tranbär (ett)	['tranˌbæ:r]
cream	grädde (en)	['grɛdə]
crumb	smula (en)	['smʉlʲa]

crustaceans	kräftdjur (pl)	['krɛftˌjuːr]
cucumber	gurka (en)	['gurka]
cuisine	kök (ett)	['ɕøːk]
cup	kopp (en)	['kɔp]
dark beer	mörkt öl (ett)	['mœːrkt ˌøːlʲ]
date	dadel (en)	['dadəlʲ]
death cap	lömsk flugsvamp (en)	['lʲømsk 'fluːgˌsvamp]
dessert	dessert (en)	[dɛ'sɛːr]
diet	diet (en)	[di'et]
dill	dill (en)	['dilʲ]
dinner	kvällsmat (en)	['kvɛlʲsˌmat]
dried	torkad	['tɔrkad]
drinking water	dricksvatten (ett)	['driksˌvatən]
duck	anka (en)	['aŋka]
ear	ax (ett)	['aks]
edible mushroom	matsvamp (en)	['matˌsvamp]
eel	ål (en)	['oːlʲ]
egg	ägg (ett)	['ɛg]
egg white	äggvita (en)	['ɛgˌviːta]
egg yolk	äggula (en)	['ɛgˌuːlʲa]
eggplant	aubergine (en)	[ɔbɛr'ʒin]
eggs	ägg (pl)	['ɛg]
Enjoy your meal!	Smaklig måltid!	['smaklig 'moːlʲtid]
fats	fett (ett)	['fɛt]
fig	fikon (ett)	['fikɔn]
filling	fyllning (en)	['fylʲniŋ]
fish	fisk (en)	['fisk]
flatfish	rödspätta (en)	['røːdˌspæta]
flour	mjöl (ett)	['mjøːlʲ]
fly agaric	flugsvamp (en)	['fluːgˌsvamp]
food	mat (en)	['mat]
fork	gaffel (en)	['gafəlʲ]
freshly squeezed juice	nypressad juice (en)	['nyˌprɛsad 'juːs]
fried	stekt	['stɛkt]
fried eggs	stekt ägg (en)	['stɛkt ˌɛg]
frozen	fryst	['frʏst]
fruit	frukt (en)	['frʉkt]
fruits	frukter (pl)	['frʉktər]
game	vilt (ett)	['vilʲt]
gammon	skinka (en)	['ɧiŋka]
garlic	vitlök (en)	['vitˌlʲøːk]
gin	gin (ett)	['dʒin]
ginger	ingefära (en)	['iŋəˌfæːra]
glass	glas (ett)	['glʲas]
glass	vinglas (ett)	['vinˌglʲas]
goose	gås (en)	['goːs]
gooseberry	krusbär (ett)	['kruːsˌbæːr]
grain	korn, spannmål (ett)	['kuːŋ], ['spanˌmoːlʲ]
grape	druva (en)	['drʉːva]
grapefruit	grapefrukt (en)	['grɛjpˌfrʉkt]
green tea	grönt te (ett)	['grœnt teː]
greens	grönsaker (pl)	['grøːnˌsakər]

halibut	hälleflundra (en)	['hɛlʲeˌflʉndra]
ham	skinka (en)	['ɧiŋka]
hamburger	köttfärs (en)	['ɕœtˌfæːʂ]
hamburger	hamburgare (en)	['hamburgarə]
hazelnut	hasselnöt (en)	['hasəlʲˌnøːt]
herring	sill (en)	['silʲ]
honey	honung (en)	['hɔnuŋ]
horseradish	pepparrot (en)	['pɛpaˌruːt]
hot	het, varm	['het], ['varm]
ice	is (en)	['is]
ice-cream	glass (en)	['glʲas]
instant coffee	snabbkaffe (ett)	['snabˌkafə]
jam	sylt, marmelad (en)	['sylʲt], [marme'lʲad]
jam	sylt (en)	['sylʲt]
juice	juice (en)	['juːs]
kidney bean	böna (en)	['bøna]
kiwi	kiwi (en)	['kivi]
knife	kniv (en)	['kniv]
lamb	lammkött (ett)	['lʲamˌɕœt]
lemon	citron (en)	[si'trʊn]
lemonade	lemonad (en)	[lʲemo'nad]
lentil	lins (en)	['lins]
lettuce	sallad (en)	['salʲad]
light beer	ljust öl (ett)	['juːstˌøːlʲ]
liqueur	likör (en)	[li'køːr]
liquors	alkoholhaltiga drycker (pl)	[alʲkʊ'hɔlʲˌhalʲtiga 'drykər]
liver	lever (en)	['lʲevər]
lunch	lunch (en)	['lʲunɕ]
mackerel	makrill (en)	['makrilʲ]
mandarin	mandarin (en)	[manda'rin]
mango	mango (en)	['maŋgʊ]
margarine	margarin (ett)	[marga'rin]
marmalade	marmelad (en)	[marme'lʲad]
mashed potatoes	potatismos (ett)	[pʊ'tatisˌmʊs]
mayonnaise	majonnäs (en)	[majo'nɛs]
meat	kött (ett)	['ɕœt]
melon	melon (en)	[me'lʲʊn]
menu	meny (en)	[me'ny]
milk	mjölk (en)	['mjœlʲk]
milkshake	milkshake (en)	['milʲkˌʃɛjk]
millet	hirs (en)	['hyʂ]
mineral water	mineralvatten (ett)	[mine'ralʲˌvatən]
morel	murkla (en)	['muˌrklʲa]
mushroom	svamp (en)	['svamp]
mustard	senap (en)	['seːnap]
non-alcoholic	alkoholfri	[alʲkʊ'hɔlʲˌfriː]
noodles	nudlar (pl)	['nuːdlʲar]
oats	havre (en)	['havrə]
olive oil	olivolja (en)	[ʊ'livˌɔlja]
olives	oliver (pl)	[ʊ:'livər]
omelet	omelett (en)	[ɔmə'lʲet]

199

onion	lök (en)	['lø:k]
orange	apelsin (en)	[apɛlʲ'sin]
orange juice	apelsinjuice (en)	[apɛlʲ'sinju:s]
orange-cap boletus	aspsopp (en)	['asp͵sɔp]
oyster	ostron (ett)	['ʊstrʊn]
pâté	paté (en)	[pa'te]
papaya	papaya (en)	[pa'paja]
paprika	paprika (en)	['paprika]
parsley	persilja (en)	[pɛ'ʂilja]
pasta	pasta (en),	['pasta],
	makaroner (pl)	[maka'rʊnər]
pea	ärter (pl)	['æ:tər]
peach	persika (en)	['pɛʂika]
peanut	jordnöt (en)	['ju:d͵nø:t]
pear	päron (ett)	['pæ:rɔn]
peel	skal (ett)	['skalʲ]
perch	ábborre (en)	['abɔrə]
pickled	sylt-	['sylʲt-]
pie	paj (en)	['paj]
piece	bit (en)	['bit]
pike	gädda (en)	['jɛda]
pike perch	gös (en)	['jø:s]
pineapple	ananas (en)	['ananas]
pistachios	pistaschnötter (pl)	['pistaʃ͵nœtər]
pizza	pizza (en)	['pitsa]
plate	tallrik (en)	['talʲrik]
plum	plommon (ett)	['plʲʊmɔn]
poisonous mushroom	giftig svamp (en)	['jiftig ͵svamp]
pomegranate	granatäpple (en)	[gra'nat͵ɛplʲe]
pork	fläsk (ett)	['flʲɛsk]
porridge	gröt (en)	['grø:t]
portion	portion (en)	[pɔ:'ʂʊn]
potato	potatis (en)	[pʊ'tatis]
proteins	proteiner (pl)	[prɔte'i:nər]
pub, bar	bar (en)	['bar]
pudding	pudding (en)	['pudiŋ]
pumpkin	pumpa (en)	['pumpa]
rabbit	kanin (en)	[ka'nin]
radish	rädisa (en)	['rɛ:disa]
raisin	russin (ett)	['rusin]
raspberry	hallon (ett)	['halʲɔn]
recipe	recept (ett)	[re'sɛpt]
red pepper	rödpeppar (en)	['rø:d͵pɛpar]
red wine	rödvin (ett)	['rø:d͵vin]
redcurrant	röda vinbär (ett)	['rø:da 'vinbæ:r]
refreshing drink	läskedryck (en)	['lɛskə͵drik]
rice	ris (ett)	['ris]
rum	rom (en)	['rɔm]
russula	kremla (en)	['krɛmlʲa]
rye	råg (en)	['ro:g]
saffron	saffran (en)	['safran]
salad	sallad (en)	['salʲad]

salmon	lax (en)	['lʲaks]
salt	salt (ett)	['salʲt]
salty	salt	['salʲt]
sandwich	smörgås (en)	['smœrˌgo:s]
sardine	sardin (en)	[sa:'dị:n]
sauce	sås (en)	['so:s]
saucer	tefat (ett)	['teˌfat]
sausage	korv (en)	['kɔrv]
seafood	fisk och skaldjur	['fisk ɔ 'skalʲˌjɵ:r]
sesame	sesam (en)	['sesam]
shark	haj (en)	['haj]
shrimp	räka (en)	['rɛ:ka]
side dish	tillbehör (ett)	['tilʲbeˌhør]
slice	skiva (en)	['ɧiva]
smoked	rökt	['rœkt]
soft drink	alkoholfri dryck (en)	[alʲkʊ'hɔlʲfri 'drʏk]
soup	soppa (en)	['sɔpa]
soup spoon	matsked (en)	['matˌɧed]
sour cherry	körsbär (ett)	['ɕø:ʂˌbæ:r]
sour cream	gräddfil,	['grɛdfilʲ],
	syrad grädden (en)	[syrad 'gredən]
soy	soja (en)	['sɔja]
spaghetti	spagetti	[spa'gɛti]
sparkling	kolsyrat	['kɔlʲˌsyrat]
spice	krydda (en)	['krʏda]
spinach	spenat (en)	[spe'nat]
spiny lobster	languster (en)	[lʲaŋ'gustər]
spoon	sked (en)	['ɧed]
squid	bläckfisk (en)	['blʲɛkˌfisk]
steak	biffstek (en)	['bifˌstɛk]
still	icke kolsyrat	['ikə 'kɔlʲˌsyrat]
strawberry	jordgubbe (en)	['jʊ:dˌgubə]
sturgeon	stör (en)	['stø:r]
sugar	socker (ett)	['sɔkər]
sunflower oil	solrosolja (en)	['sʊlʲrʊsˌɔlja]
sweet	söt	['sø:t]
sweet cherry	fågelbär (ett)	['fo:gəlʲˌbæ:r]
taste, flavor	smak (en)	['smak]
tasty	läcker	['lʲɛkər]
tea	te (ett)	['te:]
teaspoon	tesked (en)	['teˌɧed]
tip	dricks (en)	['driks]
tomato	tomat (en)	[tʊ'mat]
tomato juice	tomatjuice (en)	[tʊ'matˌju:s]
tongue	tunga (en)	['tuŋa]
toothpick	tandpetare (en)	['tandˌpetarə]
trout	öring (en)	['ø:riŋ]
tuna	tonfisk (en)	['tʊnˌfisk]
turkey	kalkon (en)	[kalʲ'kʊn]
turnip	rova (en)	['rʊva]
veal	kalvkött (en)	['kalʲvˌɕœt]
vegetable oil	vegetabilisk olja (en)	[vegeta'bilisk 'ɔlja]

vegetables	grönsaker (pl)	['grø:n‚sakər]
vegetarian	vegetarian (en)	[vegetiri'an]
vegetarian	vegetarisk	[vege'tarisk]
vermouth	vermouth (en)	['vɛrmut]
vienna sausage	wienerkorv (en)	['viŋɛr‚kɔrv]
vinegar	ättika (en)	['ætika]
vitamin	vitamin (ett)	[vita'min]
vodka	vodka (en)	['vodka]
waffles	våffle (en)	['vɔflˈe]
waiter	servitör (en)	[sɛrvi'tø:r]
waitress	servitris (en)	[sɛrvi'tris]
walnut	valnöt (en)	['valˈ‚nø:t]
water	vatten (ett)	['vatən]
watermelon	vattenmelon (en)	['vatən‚me'lˈʊn]
wheat	vete (ett)	['vetə]
whiskey	whisky (en)	['viski]
white wine	vitvin (ett)	['vit‚vin]
wild strawberry	skogssmultron (ett)	['skʊgs‚smulˈtrɔ:n]
wine	vin (ett)	['vin]
wine list	vinlista (en)	['vin‚lista]
with ice	med is	[me 'is]
yogurt	yoghurt (en)	['jo:gɵ:t]
zucchini	squash, zucchini (en)	['skvɔ:ɕ], [su'kini]

Swedish-English gastronomic glossary

ábborre (en)	['abɔrə]	perch
ägg (ett)	['ɛg]	egg
ägg (pl)	['ɛg]	eggs
äggula (en)	['ɛgˌɥːlʲa]	egg yolk
äggvita (en)	['ɛgˌviːta]	egg white
äpple (ett)	['ɛplʲe]	apple
ärter (pl)	['æːtər]	pea
ättika (en)	['ætika]	vinegar
ål (en)	['oːlʲ]	eel
öl (ett)	['øːlʲ]	beer
öring (en)	['øːrin]	trout
alkoholfri	[alʲkʊ'holʲˌfriː]	non-alcoholic
alkoholfri dryck (en)	[alʲkʊ'holʲfri 'drʏk]	soft drink
alkoholhaltiga drycker (pl)	[alʲkʊ'holʲˌhalʲtiga 'drʏkər]	liquors
ananas (en)	['ananas]	pineapple
anis (en)	['anis]	anise
anka (en)	['aŋka]	duck
apelsin (en)	[apɛlʲ'sin]	orange
apelsinjuice (en)	[apɛlʲ'sinˌjuːs]	orange juice
aperitif (en)	[aperi'tif]	aperitif
aprikos (en)	[apri'kʊs]	apricot
aptit (en)	['aptit]	appetite
aspsopp (en)	['aspˌsɔp]	orange-cap boletus
atlanterhavslax (en)	[at'lantərhavˌlʲaks]	Atlantic salmon
aubergine (en)	[ɔbɛr'ʒin]	eggplant
avokado (en)	[avɔ'kadʊ]	avocado
ax (ett)	['aks]	ear
bär (ett)	['bæːr]	berry
bär (pl)	['bæːr]	berries
böna (en)	['bøna]	kidney bean
bönor (pl)	['bønʊr]	beans
bacon (ett)	['bɛjkɔn]	bacon
banan (en)	['banan]	banana
bar (en)	['bar]	pub, bar
bartender (en)	['baːˌʈɛndər]	bartender
basilika (en)	[ba'silika]	basil
biffstek (en)	['bifˌstɛk]	steak
bismak (en)	['bismak]	aftertaste
bit (en)	['bit]	piece
bitter	['bitər]	bitter
björksopp (en)	['bjœrkˌsɔp]	birch bolete
björnbär (ett)	['bjøːɳˌbæːr]	blackberry
bläckfisk (en)	['blʲɛkˌfisk]	squid

blåbär (ett)	['blʲoːˌbæːr]	bilberry
blomkål (en)	['blʲʊmˌkoːlʲ]	cauliflower
bovete (ett)	['bʊˌvetə]	buckwheat
bröd (ett)	['brøːd]	bread
brax (en)	['braks]	bream
broccoli (en)	['brɔkɔli]	broccoli
brysselkål (en)	['brʏsɛlʲˌkoːlʲ]	Brussels sprouts
buljong (en)	[bu'ljɔŋ]	clear soup
burköppnare (en)	['burkˌøpnarə]	can opener
cappuccino (en)	['kaputʃinʊ]	cappuccino
champagne (en)	[ʃam'panʲ]	champagne
choklad (en)	[ʃɔk'lʲad]	chocolate
choklad-	[ʃɔk'lʲad-]	chocolate
citron (en)	[si'trʊn]	lemon
cocktail (en)	['kɔktɛjlʲ]	cocktail
cornflakes (pl)	['koːrↆflɛjks]	cornflakes
dadel (en)	['dadəlʲ]	date
dessert (en)	[dɛ'sɛːr]	dessert
diet (en)	[di'et]	diet
dill (en)	['dilʲ]	dill
dricks (en)	['driks]	tip
dricksvatten (ett)	['driksˌvatən]	drinking water
druva (en)	['druːva]	grape
fågelbär (ett)	['foːɡəlʲˌbæːr]	sweet cherry
förrätt (en)	['fœːræt]	appetizer
fett (ett)	['fɛt]	fats
fikon (ett)	['fikɔn]	fig
fisk (en)	['fisk]	fish
fisk och skaldjur	['fisk ɔ 'skalʲˌjʉːr]	seafood
fläsk (ett)	['flʲɛsk]	pork
flasköppnare (en)	['flʲaskˌøpnarə]	bottle opener
flugsvamp (en)	['flʲʉːɡˌsvamp]	fly agaric
frukost (en)	['fruːkɔst]	breakfast
frukt (en)	['frʉkt]	fruit
frukter (pl)	['frʉktər]	fruits
fryst	['frʏst]	frozen
fyllning (en)	['fylʲniŋ]	filling
gädda (en)	['jɛda]	pike
gås (en)	['goːs]	goose
gös (en)	['jøːs]	pike perch
gaffel (en)	['gafəlʲ]	fork
giftig svamp (en)	['jiftiɡ ˌsvamp]	poisonous mushroom
gin (ett)	['dʒin]	gin
glas (ett)	['glʲas]	glass
glass (en)	['glʲas]	ice-cream
grädde (en)	['grɛdə]	cream
gräddfil,	['grɛdfilʲ],	sour cream
syrad grädden (en)	[syrad 'gredən]	
grönsaker (pl)	['grøːnˌsakər]	vegetables
grönsaker (pl)	['grøːnˌsakər]	greens
grönt te (ett)	['grœnt teː]	green tea
gröt (en)	['grøːt]	porridge

granatäpple (en)	[gra'nat‚ɛplʲe]	pomegranate
grapefrukt (en)	['grɛjp‚frʉkt]	grapefruit
gryn (en)	['gryn]	cereal grains
gurka (en)	['gurka]	cucumber
hälleflundra (en)	['hɛlʲe‚flʉndra]	halibut
höna (en)	['hø:na]	chicken
haj (en)	['haj]	shark
hallon (ett)	['halʲɔn]	raspberry
hamburgare (en)	['hamburgarə]	hamburger
hasselnöt (en)	['hasəlʲ‚nø:t]	hazelnut
havre (en)	['havrə]	oats
het, varm	['het], ['varm]	hot
hirs (en)	['hyʂ]	millet
honung (en)	['hɔnuŋ]	honey
icke kolsyrat	['ikə 'kolʲ‚syrat]	still
ingefära (en)	['iŋə‚fæ:ra]	ginger
is (en)	['is]	ice
jordgubbe (en)	['jʉ:d‚gubə]	strawberry
jordnöt (en)	['jʉ:d‚nø:t]	peanut
juice (en)	['ju:s]	juice
kål (en)	['ko:lʲ]	cabbage
kök (ett)	['ɕø:k]	cuisine
körsbär (ett)	['ɕø:ʂ‚bæ:r]	sour cherry
kött (ett)	['ɕœt]	meat
köttfärs (en)	['ɕœt‚fæ:ʂ]	hamburger
kaffe (ett)	['kafə]	coffee
kaffe med mjölk (ett)	['kafə me mjœlʲk]	coffee with milk
kaka, bakelse (en)	['kaka], ['bakəlʲsə]	cake
kalkon (en)	[kalʲ'kʊn]	turkey
kall	['kalʲ]	cold
kalori (en)	[kalʲɔ'ri:]	calorie
kalvkött (en)	['kalʲv‚ɕœt]	veal
kanel (en)	[ka'nelʲ]	cinnamon
kanin (en)	[ka'nin]	rabbit
kantarell (en)	[kanta'rɛlʲ]	chanterelle
karp (en)	['karp]	carp
kaviar (en)	['kav‚jar]	caviar
kiwi (en)	['kivi]	kiwi
kniv (en)	['kniv]	knife
kokosnöt (en)	['kʊkʊs‚nø:t]	coconut
kokt	['kʊkt]	boiled
kolhydrater (pl)	['kolʲhy‚dratər]	carbohydrates
kolsyrat	['kolʲ‚syrat]	carbonated
kolsyrat	['kolʲ‚syrat]	sparkling
kondenserad mjölk (en)	[kɔndɛn'serad ‚mjœlʲk]	condensed milk
konditorivaror (pl)	[kɔnditʊ'ri:‚varʊr]	confectionery
konfekt, karamell (en)	[kɔn'fɛkt], [kara'mɛlʲ]	candy
konjak (en)	['kɔnʲak]	cognac
konserv (en)	[kɔn'sɛrv]	canned food
kopp (en)	['kɔp]	cup
koriander (en)	[kɔri'andər]	coriander
korkskruv (en)	['kɔrk‚skrʉ:v]	corkscrew

korn (ett)	['kuːŋ]	barley
korn, spannmål (ett)	['kuːŋ], ['spanˌmoːlʲ]	grain
korv (en)	['kɔrv]	sausage
kräftdjur (pl)	['krɛftjuːr]	crustaceans
kräm (en)	['krɛm]	buttercream
krabba (en)	['kraba]	crab
kremla (en)	['krɛmlʲa]	russula
kronärtskocka (en)	['krʊnæːtˌskɔka]	artichoke
krusbär (ett)	['kruːsˌbæːr]	gooseberry
krydda (en)	['krɤda]	condiment
krydda (en)	['krɤda]	spice
kummin (en)	['kumin]	caraway
kvällsmat (en)	['kvɛlʲsˌmat]	dinner
läcker	['lʲɛkər]	tasty
läskedryck (en)	['lɛskeˌdrik]	refreshing drink
lök (en)	['lʲøːk]	onion
lömsk flugsvamp (en)	['lʲømsk 'fluːgˌsvamp]	death cap
lagerblad (ett)	['lʲagərˌblʲad]	bay leaf
lammkött (ett)	['lʲamˌɕœt]	lamb
languster (en)	[lʲaŋ'gustər]	spiny lobster
lax (en)	['lʲaks]	salmon
lemonad (en)	[lʲemɔ'nad]	lemonade
lever (en)	['lʲevər]	liver
likör (en)	[li'køːr]	liqueur
lingon (ett)	['liŋɔn]	cowberry
lins (en)	['lins]	lentil
ljust öl (ett)	['jɵːstˌøːlʲ]	light beer
lunch (en)	['lɵnɕ]	lunch
mörkt öl (ett)	['mœːrkt ˌøːlʲ]	dark beer
majonnäs (en)	[majo'nɛs]	mayonnaise
majs (en)	['majs]	corn
majs (en)	['majs]	corn
makrill (en)	['makrilʲ]	mackerel
mal (en)	['malʲ]	catfish
mandarin (en)	[manda'rin]	mandarin
mandel (en)	['mandəlʲ]	almond
mango (en)	['maŋgʊ]	mango
margarin (ett)	[marga'rin]	margarine
marmelad (en)	[marme'lʲad]	marmalade
mat (en)	['mat]	food
matsked (en)	['matˌʃed]	soup spoon
matsvamp (en)	['matˌsvamp]	edible mushroom
med is	[me 'is]	with ice
melon (en)	[me'lʲʊn]	melon
meny (en)	[me'ny]	menu
milkshake (en)	['milʲkˌʃɛjk]	milkshake
mineralvatten (ett)	[mine'ralʲˌvatən]	mineral water
mjöl (ett)	['mjøːlʲ]	flour
mjölk (en)	['mjœlʲk]	milk
morot (en)	['mʊˌrʊt]	carrot
murkla (en)	['mɵːrklʲa]	morel
nejlika (en)	['nɛjlika]	cloves

nota (en)	['nʊta]	check
nudlar (pl)	['nʉːdlʲar]	noodles
nypressad juice (en)	['nʏˌprɛsad 'juːs]	freshly squeezed juice
oliver (pl)	[ʊ'liver]	olives
olivolja (en)	[ʊ'livˌɔlja]	olive oil
omelett (en)	[ɔmə'lʲet]	omelet
ost (en)	['ʊst]	cheese
ostron (ett)	['ʊstrʊn]	oyster
oxkött, nötkött (ett)	['ʊksˌɕœt], ['nøːtˌɕœt]	beef
päron (ett)	['pæːrɔn]	pear
paj (en)	['paj]	pie
papaya (en)	[pa'paja]	papaya
paprika (en)	['paprika]	paprika
pasta (en), makaroner (pl)	['pasta], [makaˈrʊnər]	pasta
paté (en)	[pa'te]	pâté
peppar (en)	['pɛpar]	bell pepper
pepparrot (en)	['pɛpaˌrʊt]	horseradish
persika (en)	['pɛʂika]	peach
persilja (en)	[pɛ'ʂilja]	parsley
pistaschnötter (pl)	['pistaʃnœtər]	pistachios
pizza (en)	['pitsa]	pizza
plommon (ett)	['plʲʊmɔn]	plum
portion (en)	[pɔː'ʈʂʊn]	portion
potatis (en)	[pʊ'tatis]	potato
potatismos (ett)	[pʊ'tatisˌmʊs]	mashed potatoes
proteiner (pl)	[prɔte'iːner]	proteins
pudding (en)	['pudiŋ]	pudding
pumpa (en)	['pumpa]	pumpkin
rädisa (en)	['rɛːdisa]	radish
räka (en)	['rɛːka]	shrimp
rätt (en)	['rætt]	course, dish
råg (en)	['roːg]	rye
röda vinbär (ett)	['røːda 'vinbæːr]	redcurrant
rödbeta (en)	['røːdˌbeta]	beetroot
rödpeppar (en)	['røːdˌpɛpar]	red pepper
rödspätta (en)	['røːdˌspæta]	flatfish
rödvin (ett)	['røːdˌvin]	red wine
rökt	['rœkt]	smoked
recept (ett)	[re'sɛpt]	recipe
ris (ett)	['ris]	rice
rom (en)	['rɔm]	rum
rova (en)	['rʊva]	turnip
russin (en)	['rusin]	raisin
sås (en)	['soːs]	sauce
söt	['søːt]	sweet
saffran (en)	['safran]	saffron
sallad (en)	['salʲad]	lettuce
sallad (en)	['salʲad]	salad
salt	['salʲt]	salty
salt (ett)	['salʲt]	salt
sardin (en)	[sa'ɖiːn]	sardine

selleri (en)	['sɛlʲeri]	celery
senap (en)	['se:nap]	mustard
servitör (en)	[sɛrvi'tø:r]	waiter
servitris (en)	[sɛrvi'tris]	waitress
sesam (en)	['sesam]	sesame
sill (en)	['silʲ]	herring
skal (ett)	['skalʲ]	peel
sked (en)	['ɧed]	spoon
skinka (en)	['ɧiŋka]	ham
skinka (en)	['ɧiŋka]	gammon
skiva (en)	['ɧiva]	slice
skogssmultron (ett)	['skʊgs,smulʲtrɔ:n]	wild strawberry
småkakor (pl)	['smo:kakʊr]	cookies
smör (ett)	['smœ:r]	butter
smörgås (en)	['smœr,go:s]	sandwich
smak (en)	['smak]	taste, flavor
Smaklig måltid!	['smaklig 'mo:lʲtid]	Enjoy your meal!
smula (en)	['smulʲa]	crumb
snabbkaffe (ett)	['snab,kafə]	instant coffee
socker (ett)	['sɔkər]	sugar
soja (en)	['sɔja]	soy
solrosolja (en)	['sʊlʲrʊs,ɔlja]	sunflower oil
soppa (en)	['sɔpa]	soup
spagetti	[spa'gɛti]	spaghetti
spannmål (ett)	['span,mo:lʲ]	cereal crops
sparris (en)	['sparis]	asparagus
spenat (en)	[spe'nat]	spinach
squash, zucchini (en)	['skvɔ:ɕ], [su'kini]	zucchini
stör (en)	['stø:r]	sturgeon
stekt	['stɛkt]	fried
stekt ägg (en)	['stɛkt ,ɛg]	fried eggs
stensopp (en)	['sten,sɔp]	cep
svamp (en)	['svamp]	mushroom
svart kaffe (ett)	['sva:ʈ 'kafə]	black coffee
svart te (ett)	['sva:ʈ ,te:]	black tea
svarta vinbär (ett)	['sva:ʈa 'vinbæ:r]	blackcurrant
svartpeppar (en)	['sva:ʈ,pɛpar]	black pepper
sylt (en)	['sylʲt]	jam
sylt, marmelad (en)	['sylʲt], [marme'lʲad]	jam
sylt-	['sylʲt-]	pickled
tårta (en)	['to:ʈa]	cake
tallrik (en)	['talʲrik]	plate
tandpetare (en)	['tand,petarə]	toothpick
te (ett)	['te:]	tea
tefat (ett)	['te,fat]	saucer
tesked (en)	['te,ɧed]	teaspoon
tillbehör (ett)	['tilʲbe,hør]	side dish
tomat (en)	[tʊ'mat]	tomato
tomatjuice (en)	[tʊ'mat,ju:s]	tomato juice
tonfisk (en)	['tʊn,fisk]	tuna
torkad	['tɔrkad]	dried
torsk (en)	['tɔ:ʂk]	cod

tranbär (ett)	['tran,bæːr]	cranberry
tuggummi (ett)	['tug,gumi]	chewing gum
tunga (en)	['tuŋa]	tongue
våffle (en)	['vɔflʲe]	waffles
valnöt (en)	['valʲ,nøːt]	walnut
vatten (ett)	['vatən]	water
vattenmelon (en)	['vatən,me'lʲʊn]	watermelon
vegetabilisk olja (en)	[vegeta'bilisk 'ɔlja]	vegetable oil
vegetarian (en)	[vegetiri'an]	vegetarian
vegetarisk	[vege'tarisk]	vegetarian
vermouth (en)	['vɛrmut]	vermouth
vete (ett)	['vetə]	wheat
vilt (ett)	['vilʲt]	game
vin (ett)	['vin]	wine
vinglas (ett)	['vin,glʲas]	glass
vinlista (en)	['vin,lista]	wine list
vitamin (ett)	[vita'min]	vitamin
vitlök (en)	['vit,lʲøːk]	garlic
vitvin (ett)	['vit,vin]	white wine
vodka (en)	['vodka]	vodka
whisky (en)	['viski]	whiskey
wienerkorv (en)	['vinɛr,kɔrv]	vienna sausage
yoghurt (en)	['joːgɵːt]	yogurt

www.ingramcontent.com/pod-product-compliance
Lightning Source LLC
LaVergne TN
LVHW051731080426
835511LV00018B/2988